> 授業
> その3 5年 割合

筑波大学附属小学校の校内研究会は日本一厳しい…
授業チャンスは6年に1回。その授業の様子を紹介。
→本書28ページ

説明の仕方、
話の聞き方、
手のあげ方…
やっぱり自然体！

> 授業
> その4 6年 5−(−3)＝5＋3 となるのはなぜか
> 　　　　　～中学校へのかけ橋～

2015年2月、子どもたちと教室で行った最後の公開授業。
子どもたちのストレートな問いを授業の題材としました。
→本書36ページ

授業の前は、
参観の先生も
子どもにまじって
一緒にゲーム♪

田中博史の「学級づくり」編

学級づくり 班の仲よし度を写真でアピールしよう！

班の自由行動の時間に、「自分たちの班がどれだけ仲がよいか」一枚の写真でアピールする企画。子どもたちのアイデアに脱帽。

▲クラスの仲よし写真大賞をとったのがこれ。さてこの写真どうやって撮ったと思う？？

学級づくり 子どもたちの自立を支えるいろいろな学校行事

筑波小には、ユニークな行事がたくさん。本書の後半では、様々な学校行事を通して子どもたちが成長していく道のりを紹介。

劇のために1年早く取り組んだ「帆掛け舟」！

▲サンフランシスコでの
海外留学体験
スタンフォード大学の
キャンパスにて
→本書66ページ

▲創作劇
エンディングはみんなで作ったダンス！
→本書44ページ

▲ジャンボ遊び
縁日とお化け屋敷が合体したお店を企画
→本書66ページ

誕生日の子どもが真ん中に映っている集合写真。

一人ひとりのメッセージが多様になる仕掛けとは…

学級づくり 誕生日を大切にする企画いろいろ

子どもの誕生日を祝うための試みも、ちょっとした工夫を凝らしてみると…
→本書62ページ

テントウムシの羽を開くとメッセージが！

クローバーの葉にメッセージがたくさん！

裏表紙のこの写真は…
輝跡とは「輝いた足跡を残そう」ということ。私が作った造語である。
輝いた足跡が「軌跡」（平面幾何学で使う言葉。点の集合体）となって
つながっていくと、いつか「奇跡」（ミラクル）につながる。
そんなメッセージを込めた。

輝跡

番外編

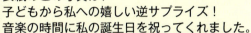

表紙のこの写真は、
子どもから私への嬉しい逆サプライズ！
音楽の時間に私の誕生日を祝ってくれました。

まえがきにかえて

　算数の授業で安心して間違えることができるようにするには、豊かな人間関係が必要です。
　共に苦しみ助け合い、真剣に向き合ってきた仲間だからこそ、あの授業での子どもの姿があるのだと思います。
　支え合う人間関係を構築したのは授業だけではなく、自由の多い校風、厳しいけれど充実感のある様々な行事のおかげもあると思うのです。
　本校には卒業までに乗り越えなければならない伝統の「3つの試練」があります。
　一つ目は清里合宿での登山。このクラスでは八ヶ岳連峰にある標高2700mを超える硫黄岳に挑戦しました。山小屋に泊まって翌朝山頂アタックをするという本格的登山でした。

　二つ目は千葉県富浦で行う2kmの遠泳。参加者全員が完泳しました。

　三つ目は、運動会で行う「帆掛け舟」という組み立て体操。
　土台の役も上での逆立ちも両方とも全員ができるまで行います。

　4部6年39名はこれらの課題を見事クリアしていよいよ旅立ちます。
　本書をこの子どもたち、そして彼らを支え見守ってくださったすべての大人に感謝の意を込めて贈ります。

平成27年3月21日　田中博史

contents

田中博史の算数授業 4・5・6年
＆授業を支える学級づくり

授業その1 〈一本の授業ビデオを分析する〉
直方体の展開図は何通り？
〜追究のプロセスを楽しむ子どもたち〜 4

「課題設定能力」を育てるという視点で展開図の授業を見つめ直してみると… 20

授業その2
課題設定能力に視点をあてた5年「単位量当たり」の授業 22

授業その3
【校内研究会】5年「割合」の授業 28

「算額」遊びを楽しむ 34

> 考えることを楽しんだ
> 田中学級の子どもたちの声 35

授業その4
【教室での最後の公開授業】5－（－3）＝5＋3 となるのはなぜか 36

感動の連続！ 6年生最後の公開授業／加藤彰子 40
明日の子どもの笑顔のために、今、目の前の子どもに徹底的に寄り添う！／小松信哉 41
数学へのかけ橋〜田中学級の集大成〜／桑原麻里 42

> 自らの成長を振り返る
> 田中学級の子どもたちの声 43

学級づくり
田中博史 創作劇に取り組む
「タイムスリップ 帆掛け舟への挑戦」 44

一番平坦な山／体育科 平川譲 47
帆掛け船の意義／体育科 眞榮里耕太 49
『友』4部との関わりに感謝／音楽科 平野次郎 52
大きな感動をありがとう！／永田美奈子 54

> 頑張ることの楽しさを見つけた
> 田中学級の子どもたちの声 55

実際の台本「タイムスリップ 帆掛け舟への挑戦」 56
誕生日を大切にする企画いろいろ 62
サプライズ♪／音楽科 中島寿 64

> クラスの成長を実感した
> 田中学級の子どもたちの声 65

子どもたちの自立を支える学校行事 66

> 行事を楽しんだ
> 田中学級の子どもたちの声 67

記念すべき開拓者たち！／英語科 荒井和枝 68

> 自分の成長をかみしめる
> 田中学級の子どもたちの声 69

夜の学校を体験しよう 70

田中博史の算数授業 & 授業を支える学級づくり

日々の授業づくりと学級づくりの信念を同じにすること

授業は学級経営そのものである

　算数の授業は学級経営そのものである。
　他の教科と異なり、算数では一人ずつの間違いがはっきりと見えてしまう。
　どんなに仲がよい友達でも 8 + 5 を14と答えたら、それは違うよと言わざるを得ない。
　だからこんな場面が授業のスタートになる。
　間違えた友達も、それを教える側も双方が笑顔で終わる授業づくりを心掛けなければならない。
　そして、それは本当に難しい。
　でも子どもたち同士の友達関係のトラブルを解決する時も教師は、最後には双方が笑顔になるように努めるではないか。
　同じである。
　もちろん、他教科でも間違いを指摘しあう場を背負うこともあるが、「そういう考え方もあるね」とぼかすことができる部分も多い。
　さらに算数の間違いは他の友達からばかにされてしまうのではないかという恐怖心が一際大きい教科だとも言われている。
　そのため古くから算数教師は机間指導を行い、間違いが表に出ないようにして個別に指導して歩き、いくつかの正解のみを画用紙などに書かせてそれらを順に発表させるという形式をとることが多かった。

　こうした学習を経ると、子どもたちは「間違えたことは発表してはいけないのだ」と学んでしまう。いや間違えることは悪いことだと思ってしまうのかもしれない。
　そうではない。
　私は「間違えるから学校に来るのだ」と子どもたちによく伝えている。付け加えて「わからなかったら、わかるようにしてと言う権利が君たちにはある」とよく言っている。
　最初からわかる人なんていない。
　一度も失敗しない人なんていない。
　これは友達づくりでも同様である。
　学校ではたくさん友達とのトラブルを体験するといい。それが社会に出てからの人間関係を構築する力になる。今はその練習をしているのだと考えればいい。
　小学校教育は、もっと子どもたちに平気で間違えさせる場を増やそうではないか。
　試行錯誤してたくさん失敗してその中からたくさん学ばせよう。
　自分の弱みを見せることができる人は、大人でも発想力豊かで会議でも活躍している人が多い。逆に失敗を恐れる人は、最後までしゃべらないし、しゃべったとしても平凡な内容しか発言できない方が多い。
　新しい日本を築く子どもたちには、自分の失敗から多くを学び次の展開を考えることができるたくましき「考える力」を育てたいものだ。

授業だけではなく、学校行事でもたくさん失敗を体験させよう

本校の学校行事は本当に豊かである。

3年生から毎年出かける山梨県清里の学校寮での活動もその一つである。クラスで出かけていく最高の4日間が毎年保障されている。

毎年行くのだから、そこで行うイベントを必ずしも成功させる必要はない。失敗したらそれを活かして翌年頑張ればいい。

だから清里の街で行う自由行動の計画では私は一切口を出さない。計画が未熟でやりたいことがうまくできなくても構わないと思っている。でも失敗したら悔しがる子どもであってほしい。ある時予定通りに行かなかったグループが前年と同じことをしてにこにこ笑いながら帰ってきた。私は烈火のごとく叱った。

失敗はいい。でも価値ある失敗であってほしいと思うからだ。次につながる失敗は何度もあっていい。

友達関係づくりも同様だ。トラブルの数だけ子どもたちの関係も強くなる。

だから4年生の最初私はあえてトラブルが起こりそうな企画をたくさん仕掛けた。

予想通り、ぶつかり合いがたくさん起きた。泣く子もいた。激しく憤る子もいた。でも、いくつかの事件がきっかけで友達同士の角が次第に取れていった。

3年前のスタート時は、友達関係でもたくさん苦労していたこの子たちが卒業前の今、どのクラスの子どもたちよりも穏やかで何事にも一致団結するクラスに成長している。

ある専科の先生が「結局最後はひろし先生のクラスが一番落ち着いているんだね」と褒めてくださっていたのが印象的だ。

子どもたちの作文にもそんな自分たちのクラスの成長を綴ったものがたくさんある。

卒業前、最後の夢は…「夜の学校に泊まりたい」

子どもたちからのたっての希望だ。なかなか実現が難しい。何しろ自分たちだけのクラスで行いたいと言うのだから。

何度か話し合いをして、校長先生に直接掛け合いに行くことになった。一度目はクラス代表が6人で向かった。あっさり断られた。

そこから子どもたちはクラスでもう一度真剣に話し合った。夜の学校に泊まりたい、その理由は何か。ただ面白そう…だけでは実現しそうもない。

彼らは卒業記念に映画作りを思い立った。舞台は夜の学校。シナリオをつくり昼間のロケの計画も立て、クラスのみんなで思い出づくりをしたいという気持ちを一つにして、再び校長室に出向く。今度はクラスの子ども全員で出かけたのだった。

これには校長も参ったようで一言。

にこにこしながら、でも怖い一言。

「何かあったらひろし先生に全て責任をとってもらいます。大好きな担任の先生に迷惑を掛けないで実現できますか」

全員が「はい」と大きな声で返事した。

寛大な校長先生に感謝。

直方体の展開図は何通り？
～追究のプロセスを楽しむ子どもたち～

一本の授業ビデオを分析する

「直方体の展開図は何通り」に取り組み続けて…

「直方体の展開図は何通り」かを考えること。これは私が高学年のクラスを持つ度に継続して取り組んでいる課題である。

そもそもは、昔の教科書指導書や数学の本に66通りだと示されていた直方体の展開図が、本当は54通りしかないことを発見した私の教え子の追究活動から始まる。

これについては、以下の拙著に詳しくまとめられているからぜひ参照していただきたい。

『追究型算数ドリルのすすめ』（1995年　明治図書）
『算数的表現力を育てる授業』（2001年　東洋館出版社）

子どもが大人の整理を越えたという衝撃の事実、それ以来、指導書の記述も数学の本もすべて訂正されたということ、そして何よりその整理のプロセスにも感動したこと。

その後の世代にも、こんなすごい先輩がいたのだということを伝えようとして、毎回自分のクラスの子どもたちの追究課題に据えていた。

しかし、これまでは日々の教室における子どもの継続的な追究活動の一つとして位置づけていたため、公開の研究会で取り上げたことはなかった。

その追究活動にはある程度の長い期間での展開が必要であるため、一時間の公開授業では見せにくいと思っていたからである。

だが、大切なことはすべてが54通りあるという数字にたどりつくことではなく、物事を整理していく時の視点が友達との話し合いの中で変化していくこと、混沌とした事象はある目のつけ方をすると整理されて発見があること…。そんな瞬間だと考えると、その部分を45分で見せていくことは可能だと考えるようになった。

繰り返すが結果として54通りあることを整理して見せることが目的ではなく、過程そのものに意味があると考えるのである。

こうして2013年2月の本校研究会で、「直方体の展開図は、立方体の時と比べて多いか少ないか」を課題にした授業を公開授業として挑んでみることにした。

ここにその時の授業記録ビデオがある（19ページ参照）。

本稿はこのビデオを巻き起こしながら、一つずつの発問、指示の意図を授業者自ら、つまり私が客観的に分析してみようと考えた。

なかなか自分を客観視することは難しいが二年前の記録をこの時点で振り返ってみると、改めて自分が無意識にしていたこと、気がついていないことなどが見えてきて面白かった。

授業ビデオから考える

授業が始まる。
黒板に次のように問題文を書く。

立方体の展開図が11種類あることがわかりました。
では、直方体の展開図を調べた時、その種類は直方体の時と比べて
　　多いか　　同じか　　少ないか

子どもたちが考え込む。種類の数を尋ねるのだが、ここは選択肢にして提示してみた。選択肢があるので苦手な子どもたちでも予想をすることだけはできる。

私は子どもたちにその予想をノートに書くように指示した。付け加えて、そのように予想した理由があるのなら理由も付け加えなさいとした。

迷っている子にもとりあえず自分の立場を持たせるために勘でいいから書きなさいと告げる。この場合は理由は『勘です』ということになる。それもここでは許す。

ノートを見て回ると「同じ」と予想する子が若干だが多かったが、「少ない」「多い」の子どもも $\frac{1}{3}$ ずつぐらいいそうである。

つまりほぼ同じぐらいである。
やはり子どもたちは悩んでいる。
そこで、

「友達はどのように予想しているだろうね。友達はここが多いんじゃないかなと思うところで手をあげてごらん」と指示をした。

<第三者になると素直になれる>
　自分の意見ではない。友達の状態を予想することで手をあげるのである。
　これならば、たとえ後から間違っていたところに手をあげたとしても、自分のことではないから恥ずかしくはない。
　算数では、中学年以降になると間違えることに臆病になっている子どもも多いと聞く。こんな時は他の誰かの立場に立たせてみるという方法が使える。
　たとえば四年生に「三年生だとどう考えるだろうね」というようにである。
　いや、もっと価値観を変えるためには「三年生だとどんな間違いをするだろうね」と最初から間違いを尋ねてみるのも面白い。
　このようにいつも正解ばかりを求めていた算数の問いかけを、普段とは異なる方向からの尋ね方にしてみると、急に子どもは安心することがある。この問いかけだとにこにこして手をあげてくれる子どもにも出会う。

直方体の展開図は何通り？
一本の授業ビデオを分析する

「同じ」と答えている子どもが最初は多かったので、私は他の意見の子どもたちに次のように尋ねた。

> 同じと答えた人の気持ちがわかるかな

すると、子どもたちは「わかる、わかる」と言って次のような意見を述べた。

> 直方体も立方体もやっぱり同じように面があるから。

> 面の形は違うけど、展開図の種類は同じになるんじゃないかな。

この時点では、私はまだ自分の立場を言わせると間違えた時に傷つくかなと思って別の立場の子どもにあえて予想させていたのだが、他の立場の友達から「こんなふうに考えているんじゃないかな」と言われると「そう、そう」とか「私は同じと考えていたんだけど理由はこうだよ」と自ら自分のことを表明して参加してくるのである。

他の意見の友達が自分に寄り添ってくれていると思うから安心して、自分の立場の意見も言えるようになるのだと思う。

続いて、別の立場の子どもにも聞く。

今度は「少ない」と予想した子どもたちの考えに寄り添う。「多い」「同じ」と予想した子どもたちにあえて尋ねる。

すると、M子はこんなふうに説明をした。突然あてられたからだと思うが、最初のM子の説明はこうである。

＜算数の授業で気持ちを尋ねること＞

算数の授業で気持ちを尋ねることのよさを教えてくださったのは、本校の先輩の有田和正先生だった。

ある時、私が行った算数の授業を見て、有田先生が「算数ではこの考え方はわかるかな」と問うのをよく聞くけど、田中さんのは「このように考えた人の気持ちがわかるかな」と尋ねているのを見てとても新鮮だった。

「あれなら間違えた考え方でも、気持ちはわかることがあるから子どもが発言しやすくなるね」と。

同様のことは、埼玉県の女性の先生からの手紙にもあった。

「この子の気持ちがわかるかな」という発問を使うと教室の空気がぱっと変わるのがわかります。みんなが安心して発言できるようになる魔法の言葉だと思います。

算数や体育は、人前で自分の欠点が見えてしまいがちな教科である。それだけに人前で自分を見せないようにしようと、子どもたちは鎧かぶとを着てしまう。

それをどのようにして脱がせるかが、ポイントである。

北風ではなく、太陽で鎧かぶとを脱がせる配慮が必要である。

安心した子どもたちは六年生の卒業間際までたくさん発言するようになる。

> 私は同じだって思ったんだけど、辺の面が〜、あっ面が…形が違うから…。立方体だと面が同じだからどこにでもくっつけていたけど、辺が。でも同じ面の長さが、いや辺の長さが同じじゃないとくっつけられないから少なくなっちゃう。

　一生懸命、たどたどしく言い間違えを修正しながらそれでもにこやかに彼女は説明をしてくれた。私は、ここで「M子の話を聞きとった人？」と尋ねた。すると約半数が手をあげた。逆に「よくわからなかった人？」と尋ねると、「え、説明はできないけど…」と言いながら手を挙げる子も含めてやはり半数いる。

　そこで私が「じゃあ、もう一回M子にお話ししてもらうからね。あとで座席の三人組で確かめるからね。いいね」と告げてもう一度M子にマイクをわたす。

　その際、一言『実はM子とってもいいこと言ってる』と付け加えて…。

　これでM子も自信を持つ。そして友達にきちんとわかるように話すために整理しようとする。

＜大きな大会で授業する時に困ること＞

　この日の授業は、筑波大学の大ホールで行っていたため、いつもとは異なる三人がけの座席である。さらに会場に500人、別会場に中継でさらに300人、付け加えてAPECで訪れていた諸外国の先生方が別室で300人参観されていたため、マイクを使っての授業となっていた。

　マイクを使った公開授業では、教室のテンポと異なり、つぶいた言葉をもう一度マイクを通してお話ししてもらわなければならないのと、私が発言する子どものところまで毎回マイクを持っていくという作業が繰り返されるため通常の授業の約1.2倍の時間を要する。

　だからどうしても時間が延びる。

　授業時間が延びるとよくお叱りをうけるのだが、実は参加者にわかるようにするためにこちらがしているマイクなどのサービスに起因するという皮肉な面も実はある。

　私としてはマイクなしの教室の授業のほうがよほど楽しいしテンポもいつも通りできる。でも大ホールでマイクを使わなかったらきっと何も聞こえないと怒られるだろう。

　どちらをとるか。（笑）

直方体の展開図は何通り？
一本の授業ビデオを分析する

M子は次のように話した。

> 立方体だと辺の長さが全部同じだったからどこにでもくっつけられたけど、直方体だと辺の長さが違うところがあるからくっつけられる辺が限られている。

先ほどの説明と比べて、なんと理路整然としていることか。聞き手を意識すること、一度発言した子にもう一度は説明をさせていくことはこんなに変化があるのだということが実によくわかる瞬間だった。

これを聞いて「うん、わかった」「つまりこういうことかな」とまわりの子どもたちのつぶやきも増える。

この後三人組になってM子の考え方をみんなで理解し合う時間をとる。

子どもたちがにぎやかに確認し合う。

なんとなく、こうしてにぎやかになると全員がわかっているように見える。

この場面で私はしつこく、次のように尋ねた。

> 今からM子ちゃんの話をこういうことだったねと説明してもらいます。
> 今、あてられたら困る人？

すると、そーっと手をあげる子が数人…。

なんと正直な子どもたちだろう。私はこういう子どもたちが好きである。

＜今、当てられたら困る人＞

さて、ここで私が使った「今、当てられたら困る人？」という問いかけは、最近いろいろなところで流行り始めたが、いつもわかった子どもにだけ尋ねる発問をしているけれど、今、あてられたら困るかどうかを尋ねると言うことも時には試してみるといいと思う。

わかった時だけ手をあげていた子どもたちだが、わからない、困るという場面でもどんどん手をあげていいのである。

学校に来るのはわからないことがあるから。

それをわかるようにしてもらうために、子どもたちは学校に来るのだと考えたら、大いに困ったことを表現させてみたいものだ。

今、当てられたら困る人？　困ることは悪いこと？　いや学校では、困っていいのだよと告げるのである。そして友達同士で困っていることを表現し合って互いに助け合って学びを前進させるのでいい。

そんな気軽な時間に算数を変身させたいと思うのである。

さて、この後「ではもう一度各テーブルで確かめ合ってごらん」と告げると、今度は先ほど困ると手をあげていた子も懸命になっている。教えるほうも熱が入る。

なかには自分で持っている正方形の工作用紙で身振り手振りで説明している子もいる。

この時間の後で、先ほど困ると言っていたK男を指名する。隣の子にサポートされながらも懸命に説明することができた。

ここで、子どもたちの説明の中に直方体の場合は縦と横の長さが異なるからどこにでも辺をつけられるわけではないということが何度も話題になったので、子どもたちが説明に使う直方体のサイズを限定することにした。

黒板に次のようなサイズを書く。

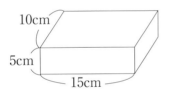

そして、この直方体はどんな面があるのかをこの段階で考えさせることにする。

この直方体にはどんなサイズの面がありますか。ノートにかいてください。

この時、子どもたちがノートにかいている時に私は「どんなサイズかわかるようにかいてね」と付け加えている。さらに「縦と横が何cmかわかるようにね」と話をしている。

同じ指示を聞いても子どものノートへのかき方は異なっていて面白い。

ある子は丁寧に「縦5cm、横10cm」というようにノートにかいている。別の子は「5×10が2枚」というように式でサイズが表現できると考えて使っている。

最初の子に指名すると「縦5cm、横15cmの長方形」という。私が「なるほど、縦5cm、横15cmの長方形が一枚ね」とわざととぼけて板書しようとすると、子どもたちは急にざわついて「いや、一枚じゃない。二枚」と反応してくる。すると、これを聞いて四枚じゃないのという反応も出る。

たったこれだけで子どもたちの中にずれがあることがわかる。私が枚数をとぼけてみせただけで、こんな状態が引き出せる。

どうやら黒板に書いた図が奥行きの10cmと15cmが同じに見えたためらしい。

こうしてゆっくり子どもたちとこの直方体に必要な面のサイズを確かめていく。

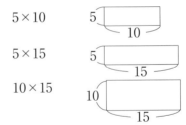

そしてこの時点で、「今からこれらの長方形を作ってもらいます」と告げた。

えー、と驚いたのは実は子どもだけではない。この時点で参観している先生たちも「え？ 今から作るの？ 時間がなくなるんじゃないの」と心配顔になっていた。

普通、こういう場合、教師が丁寧に部品を全部作っておいて、取り組むことが多いからだろう。しかも研究授業である。

直方体の展開図は何通り？
一本の授業ビデオを分析する

この時点で授業開始から16分が過ぎていた。さて、子どもたちは何分でこれらの長方形を切り取ることができるのだろう。

工作用紙を渡し、まず隣の友達と半分ずつ分ける。そして取り出す長方形を切り取る前にイメージさせる。17分30秒が過ぎていた。

ここから作業開始。なんと22分過ぎにはほとんどの子どもが長方形の切り出しを終えていた。わずか5分である。

作業の速い、遅いがあるので「できあがった人は直方体の展開図を一つ作ってごらん」と告げた。さらに「一つできたら立ってごらん。そして友達のを見て歩こうか」と指示をしている。

こうして少し作業が遅れた子どもをこの時間で追いつかせていく。

23分20秒の時点で全員が部品を完成させ、展開図を考える活動に入れるようになっていた。

＜もっと子どもたちに自分で準備させよう＞

私は低学年で授業をする際も、できるだけ子どもに準備をさせるようにしている。工作用紙を分割する時も、かけ算九九を練習する時も子どもに苦労させて学習準備をさせることにしている。

あのマス目の計算練習の用紙も定規を使ってノートの中で子どもに用意させる。

慣れさせればあっという間に準備するようになる。子どもたちに「書く」力をつけたいと思うならば、日々の授業の中でもっともっと子どもを動かそう。

なかなか子どもが準備できないからといってすぐに教師がサービスしてしまうけれど、子どもが最初未熟なのは当たり前である。たくさん活動して慣れてくれば自然に速くなる。同時に定規などの道具の使い方も習熟していく。

算数の文章題をシールにしてノートに貼りつけている先生を見ることがあるが、たった三行の文章題をノートに書けない子どもにしてどうするのだと思う。

家庭教育で子どもの過保護が問題になるが、学校教育でも過保護な場面をたくさん見る。

子どもたちの基礎学力が不安定なのは、もしかしたら側にいる教師が何でも準備してしまったり、教え込んでしまっているからかもしれない。

さて、工作用紙を使って直方体の展開図を作るための長方形の面が全て用意できた。

いよいよ、直方体の展開図について考えることになる。

立方体の時は面が正方形だから移動してもくっつけやすかったけれど、直方体は面が長方形だから辺の長さが違うので、どこに移動してもいいわけではない。

ここまでの話をこの工作用紙の面を使って説明してみようと持ちかけた。

すると、N男が出てきて下のような複雑な展開図を作ってくれた。

だが、ここで私は少し厳しく次のように告げている。

「それでどうするの？」

「直方体の展開図をここで作ってくださいと言ったわけではないんだよ」

どうやら、N男には発問と指示の意図が伝わっていなかったことに気がついたので、もう一度私の問いを伝え直すことにした。

立方体の時は面が正方形だから、展開図はたくさん作れるけれど、直方体の時は面が正方形ではないから簡単に移動して作れるわけではないという意見について、この実物を使って説明してくださいねと告げたわけである。

立方体の場合は…

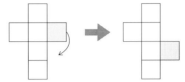

新しい展開図ができる！
でも直方体の時はうまくいかない？

このように、子どもの答え方が教師の問いかけに正対しているかどうかを吟味することは、子どもの論理的思考力を育成していく上でとても大切である。

大人の研究協議会でも、パネリスト同士の意見がかみ合わないのはよく目にするが、議論をきちんと積み立てていくためには、こうして筋道だてて、受け答えが対応しているかを冷静に見つめ直していくことはとても大切なことだと私は考えている。

授業では、この後、N男は、「たとえば…うーん、じゃあ、これはやめる」と言って例に使う立方体の展開図を変更している。

そして、
「たとえば直方体で言えば、立方体のこれ」といって隣の立方体の場合と関連づけて説明することに切り替えた。

素晴らしいことだ。

説明の際に目的を持つとちゃんと説明の仕方を工夫しようとする。

直方体の展開図は何通り？
一本の授業ビデオを分析する

そして立方体の一つの面を動かして、それに対応させるようにして直方体のほうの面も動かした。

直方体の時は、辺の長さが違うからどこにでも動かせるわけではないことを説明しようとしたはずなのに、回転すれば新しいものができることにこの時点で見ていたたくさんの子どもが気がついた。

「あー」「そうかあ」という声になって子どもたちの中にそれが浸透していく。

私はこの時に「あー」と感嘆したＥ男に、気がついたことの説明を求めた。

すると、「直方体の時も長さを合わせればちゃんとできる」という。付け加えて座席では「じゃあ、同じなのかも」とつぶやく。

先ほどまでは辺の長さが異なると新しいものが作りにくいのではないかと考えていたのだけれど、回転させればどんどんできるのではないかと…。

こうして同じになるのではないかと思い始めたころに、ビデオには「いや、違う。逆に多くなる」という反論も出始めていた。

「同じ」「違う」「多い」といろいろ声が出る中でＭ男が「先生、質問」という声。

「先生、直方体の展開図で階段でできるの」というのである。

〈教師がどこまでまとめていいか──日々の悩み〉

私は「まとめ」を教師が一方的にしてしまうのは、子どもの学びにつながらないからだめだと思っている。その思いは今でも変わらない。子ども同士の話し合いにおいても同様で、教師がさっさと取り上げて整理してしまうと意味がないと思っている。

しかし、場面によっては子どもだけでは混沌としたままだったり、しつこくなったり間延びしたり…。

そんなことがあるのもこれまた事実なのである。だから時には教師が出ていくことも必要になる。だが、こう書くと遠慮なくどんどん教師が取り上げて整理してしまいそうな気もするからこわい。ここで教師が出てしまったらだめだと自問自答しながら、登場するぐらいなら少しは許せるのではないかと思う。そして「あー、今日は教師が取り上げるのが早すぎたな」とか「ちょっとまかせすぎて這い回りすぎたな」と自省すればいい。

どんな方法論にも必ず「時と場合によって使い分ける」という力が必要である。

教師が出る場面はどこ？ 筑波生活24年になる私も未だに迷う日々である。

子どもたちは「できるよ」「いや、どうかな」と反応していた。

私はここで「じゃあ作ってみようか」と持ちかけて活動に入らせた。

しかし、ビデオを見ていて、ここはこのМ男の気持ちをみんなと理解してから進むべきだったと反省した。

М男は立方体の展開図と同じ種類にするには、立方体の時にできたものが直方体の時にもできることがわからないとだめだと考えたに違いない。

つまりここで階段型の展開図を探すのは、何のためかを他の子どもたちと目的意識の共有化が必要だった。

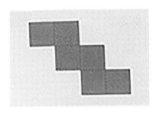

こんな場面では、教師がちゃんと介入して、М男の意図を解説してあげるべきだったのではないだろうか。

そう考えながらこの後の子どもたちの活動の様子をビデオを見ながら振り返っていた。

子どもたちが階段型の展開図を探し始めた。試行錯誤でやっている。

立方体の時に階段型の整理はしているので、組み立てた時のイメージはある程度もっているのだが、やはり直方体の場合は難しそうだ。

何人かの子どもができたというので発表してもらった。

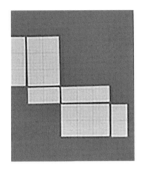

すると、これを階段型というのかどうか戸惑う子どもたちがいることがわかった。

立方体の時と比べると確かに異なっているため、これが仲間なのかどうかあやしいと思う気持ちも理解できる。

そこで座席の隣同士でそれを確かめる時間をとった。

今、流行りのペアトークと言われる活動である。

直方体の展開図は何通り？
一本の授業ビデオを分析する

ここでM子を指名してこれが階段型といえるのはなぜかを説明してもらう。

「普通の階段はこういうふうに上に2こ、真ん中に2こ、下に2こなっているから、それでこっちもちゃんと上に2こ、真ん中にも2こあるし、一番下にも2こあるから」。

聞いていた子が「そうそうそう」と参加してくる。

こうして同じ種類と見なす時の根拠をきちんと話せるようにしていくことは論理的な思考力、説明力を育てる時には意識しておきたいことである。

この時点で、やっと私はM男がそれを調べたいと思った理由について、整理することが必要だと気がついた。

しかし時間がたっていることもあり、やはり子どもの言葉ではその思いはよく伝わらない。

仕方なく、ここでは子どもの意図をうまく解釈して次の展開につないでいくことになる。

コラムでも述べたが、こうして子どもの意図を丸めこんでしまうことには注意も必要である。しかし、ここでしつこくその意図を問いただしても間延びしてしまうだけかもしれないから、配慮も必要になる。

やはり悩むところである。

さて、ここで階段型もあることがわかった。
だったら種類は立方体の時と同じなのではないか。ここは教師のほうから揺さぶりをかけてみた。

〈ペアトークを使っていい場面とダメな場面〉
　授業をしながらいつも悩むことは他にもいろいろある。
　ペアやグループでの話し合いは確かに子どもたちの活動が活性化する。教室はにぎやかになり、子どもの活動頻度も高まってよさそうである。
　しかし、そこに展開されている話し合いの中身を拾うことがとても難しい。
　また、それぞれのペアの活動がグループごとに本当に同じ質になっているのだろうか。
　これも疑問である。
　だから華やかな雰囲気だけで多用してはならないと自分を戒める。
　しかし、一つの発問をしたときに静かだった子どもたちが、確かにグループやペアの時は元気になる。子どもたちが気軽になって発言できていることは間違いない。
　このいい点と、拡散した話し合いになってしまうことの欠点をどのように組み合わせて用いればいいのか。
　私も悩むのである。
　最近は、私は拡散しない話の時には自信を持って使うようにしている。拡散しない時と言うのは、「確かめ」「定着」を望む時である。
　ある子の発言内容を全員のものにしたいというような場面では、伝言ゲームのようにして全員が理解できるようにしていく。こんな時はペアでの活動は能率がいい。

すると、子どもたちは「いや、違う。もうちょっと多いよ」と言い出した。
そんな中でK男が多い証拠を説明してくれるというので指名した。

> 直方体の時はこういうように（作って見せる）なるけど、辺の長さが3種類あるから、で立方体の時は正方形で1種類しかないから、たくさんできる。

言葉だけを聞くと逆のことを話しているようにも見える。
だがこうして映像を巻き戻しながらみると、彼の言いたいことはちゃんと的を得ていることがわかる。
だが、実は私はこの時本当にKの言っていることがわからなかった。彼の説明では逆ではないかと思っていた。
だからその場で考え込んだ。芝居ではない。本当にわからなかったのだ。
そこで、聞いていた子どもたちにとっさに尋ねてみた。
「Kが先生に伝えたかったことは何だったのか、わかる人？」というようにである。
すると、わかるという子が何人もいるではないか。
でも私のように言葉だけを聞いていた子は「筋が通っていない」と反論している。
だが発言する彼の身振り手振りを聞いていた子が、Kに代わって整理してくれた。
いつも教師が整理しなくてもいいのである。
この時はS男がきちんと言い換えてくれた。

〈子どもとの対話——正対すること〉
　授業をしていると、本当に子どもの話の中身がわからなくなることがある。
　そんな時、すっとごまかして逃げてしまうと、子どもたちも友達の話を聞きとろうとしなくなる。
　だから、私は極力頑張ろうと思っている。
　この時もそうだった。
　だけど、よく考えたらこうした友達の話を聞きとるのは、クラスの他の友達の役割である。教師が一人で懸命に聞きとらなくても、周りの子どもたちと一緒になって理解しようと努めればいいのだ。
　そう思うと気が楽である。よくしたもので、こんな場面でも必ず友達の思いをくみ取ってくれる子は存在する。
　振り返ってみると、教師同士が行う協議会で、よく聞く言葉に「お答えになったかどうかわかりませんが…」という締めくくりの言葉があるけれど、お答えになったかどうかわからないような返答をしてはいけないのではないか。それならちゃんと質問の意図を聞き直すことが必要である。
　そしてきちんと質問者に正対して自分の考えを届けるべきである。
　子どもたちとの日々の対話の授業は、こうした教師の対応力を育てることにもつながっている。

直方体の展開図は何通り？
一本の授業ビデオを分析する

> 立方体は正方形で辺の長さが1種類しかなかったけど、直方体の場合は辺の長さが3種類あるから展開図も3倍になる。

　S男も前半部分のM子と同様で、最初指名された時は、うまく整理して言えなかったけれど、二度目には実に理路整然と説明できている。

　ここにも繰り返して説明させることのよさが見える。

　この発言で、子どもたちが騒然となる。

　今まで、少ないと思っていたのに、それが同じぐらいだと変化し、さらに少し多くなるのかなと思っていたら、突然3倍になるのではないかというのだから、驚くのも無理はない。

　そこで、ここから本当に3倍になるのかを調べてみることにする。

　先ほど立方体のかかし型の場合が簡単だと説明に使われた展開図が黒板にあったので、それをもとにして直方体の場合が本当に3倍になるかを試してみることにした。

　私は「今の説明ではどうやらあと2種類できそうだよ」と告げて、「できそうな人？」と手をあげさせた。

　子どもたちの手がたくさんあがってくる。

　多くの子どもが言いたいという雰囲気になったところで、「では、一つずつ机の上で作ってごらん」と指示を変えた。

　子どもたちがどんどん気がついてくる。

　活気づいてきた。かわいい手がたくさんあがって発言したがっている。

　まずH子が二つ目を作ってくれた。これであと一つできれば、Sが言った通り展開図は3倍になる。

　だが、もう一つ作ろうとするとやはり戸惑う子も出てくる。

　ここでうまく作れなかったS子を私はうまくフォローできないでいる。こうした場面に出てくると、あがってしまって整理できなくなるのは実は大人も一緒だ。

　この後、A子が出てきて、Sの作った展開図を少しだけ移動して完成してくれた。

　私はビデオを見ていて、しまったと思った。なぜこのSとA子をつなぐ役を私はできなかったのだろうと。

　Sの失敗した展開図はほんの一部分を変えるだけでちゃんと条件に合った新しい展開図になる。しかもA子は私がSのを活かしてやってごらんと言わないのに、使ってくれている。にもかかわらず私はそのことに一言も触れていない。悔しい思いでいっぱいである。

　ここで二人の作品のつながりを整理することは、授業前半で展開図の両側の部分を回転させればできるといった場面と全く同じなのである。

なんともったいないことか。
この場面だけは今でも悔やみきれないところである。

さて、こうしたやりとりを見ている最中から多くの子どもがもっとたくさんできそうだと気がついた。
U男は「もう2種類できる」と何度もつぶやいている。
ここからいよいよクライマックスに入る。
こうして懸命に探した3つの展開図を見てSが言ったように展開図が3倍になることが証明できた。
私が必死で整理しているのに、子どもたちはここから「3倍じゃない。もっとある」と俄然元気になってきた。

Yが「やっとわかってきたぞ」とつぶやいているのがとても面白い。

ここでY男を指名する。
懸命に見つけたことを説明したがっている。
なんともかわいい男の子である。
そしてこの時の彼の言葉がいい。

> 本来ならば、これがここにくるはずなんだよ。

話しながら大きい長方形を展開図の腕の部分にすべきと置いた。

見事な整理である。
懸命に自分で説明しようとしている彼を制す。マイクを話そうとしない彼。そのやりとりも楽しかった。
だが、この時点での彼の目のつけ方は他の子どもたちには伝わっていない。
そこで「Yが何に目をつけて整理しようとしているかわかるかな」と尋ねてみた。
たくさんの子の手があがる。

直方体の展開図は何通り？
一本の授業ビデオを分析する

その中でもっとも興奮していたUを当てる。見事に手早く作って見せてくれた。

でも他の子が本当に理解しているかまだわからない。これはどこに目をつけて整理したことになるのだろうと尋ねる。

やはり数名ずれがある。

Yが「両側にくる形に目をつけたんだよ」と説明する。

その説明の意図は伝わったかどうか、ここでも座席の3人での確認作業をさせてみる。

すると、この時点で「あっ、わかった」と嬉しそうに語る子がいることもわかった。

一人の子どもの意見がこうして全体に伝わっていくのには、何段階ものステップが必要なのだ。

授業では、この後、立方体一つの展開図につき、直方体では6通り作れることが説明され、今のところ全部で66通りになるのではないかという予想に至って終了となった。

本当に子どもたちと格闘するがごとくの展開の45分だった。

この授業は冒頭にも述べたが、授業DVDとして内田洋行から発売されている。

ぜひ、この子どもたちの躍動する姿をご覧になりながら、本稿を読んでいただくと、それぞれの節目における私の戸惑い、悩みもより一層臨場感を持って感じてもらえると思う。

新しく担任を持って1年が終わる年度末の4年生との思い出に残る授業である。

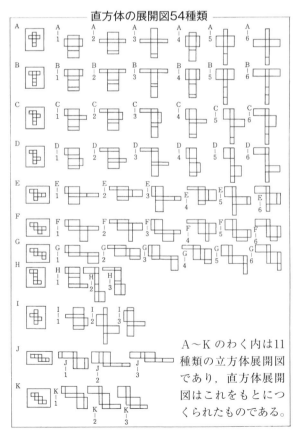

直方体の展開図54種類

A～Kのわく内は11種類の立方体展開図であり、直方体展開図はこれをもとにつくられたものである。

映像で観る 田中博史の算数授業

私はこれまでに複数本、授業DVDを作成しているので、ここで整理して紹介しておく。

　　　以下　すべて　3800円＋税
　　　発行　内田洋行
　　　制作　企画集団　創

まずは本誌で記録を起こしている今のクラスの子どもたちとの授業記録DVDである。

◆4年　直方体と立方体〜直方体の展開図〜

〈内容〉
・授業全記録　44分
・ダイジェスト版25分
・授業解説10分

・付録として、「立方体の展開図の授業」のダイジェスト版　22分
※参観者が合計700名を超える研究会での記録。子どもたちが創る追究の過程がよく見える。

◆4年　面積〜点の数と面積〜

〈内容〉
・授業全記録　46分
・ダイジェスト版26分
・協議会20分
　（基幹学力研究会）
・授業解説10分

・付録として、次時の授業ダイジェスト版　22分
※ピックの定理を授業化したもの。次の授業にどうつながるかも収録。

◆5年　だれが一番ゆったりすごしているかな
　　　〜単位量当たりの授業〜

〈内容〉
・授業全記録　44分
・ダイジェスト版25分
・協議会16分
・公開講座から
　ダイジェスト版

※ICTを用いた研究会の記録。スクールプレゼンターを使った問題提示が話題になった。

下記はこのクラスではなく、6年前の田中学級の記録。

◆4年　まわりの長さと面積

〈内容〉
・授業全記録　45分
・ダイジェスト版25分
・授業者の主張　6分
・研究協議会　56分

※授業者とパネラーの熱い闘いが見もの。
　この授業はシカゴ、デュポール大学の高橋氏によって英訳されてアメリカでも取り上げられている。

◆5年　200÷0.5という式でいいの？
　　　〜小数のわり算〜

〈内容〉
・授業全記録　45分
・ダイジェスト版25分
・授業者の主張　7分
・講演と協議会　49分

※雑誌『プレジデントファミリー』でも取り上げられ、話題になった。子どもたちの戸惑いをどのように解消するかに取り組んだ。4マス関係表の問題提起もその一つ。

「課題設定能力」を育てるという視点で展開図の授業を見つめ直してみると…

授業では、子どもたちが小刻みに「めあて」を変容させながら学びを進めていると考えてみよう。それが「課題設定」を自ら構築していく力につながると考えている。

この視点で先ほどまでの「直方体の展開図」の授業を見つめ直してみることにする。

授業前半で、直方体の時も、面を回転させて移動すればできるという意見。

最初多くの子どもたちは立方体の時は面が正方形だから、一つの面を移動して簡単に別の展開図が作れるけれど、直方体の時はできないと思っていた。

ところが、突然ある友達の意見からそれができそうだとわかった。

でも、こんな時は、聞いていた全員が実感しているわけではない。そこでこれを確かめることにする。

| 直方体の時も面を回転させながら移動すると新しい展開図ができるのかな |

子どもたちは、一人ずつが工作用紙のカードを使って確かめていた。作りながら「そうか、本当は正方形の時も回転させていると考えたほうがいいんだな」とつぶやいている子がいた。このように考えることができること

は素晴らしいことである。

そして、これでできるのなら、「直方体の時もできる展開図の種類は同じになるのではないか!!」と言い出して再び課題が変わっていく。

| 同じなら階段型もできるの？ |

それがこの言葉になって表れている。

立方体の時と同じ種類になるのだとすると、直方体の時にも、あの「階段型」が存在するのだろうかという問いである。

そこでみんなで作ってみた。

どうやらできそうである。すると今度は階段型とはどんな形のことをいうのかを確かめることが必要になった。

| そもそも階段型って？？ |

確かに立方体の時は階段らしかったが、できた新しい直方体の展開図は階段型といっていいのかどうか…。

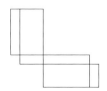

すると、2つずつの面が組み合わせでできあがっていると考えると、やはり同じタイプだということがわかる。

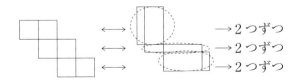

これで立方体の展開図に対応するものが直方体でもできそうだということになる。
それなら作ってみようかとなる。

↓

立方体の時と同じ種類が
できるか調べよう

さて、いざ作ってみようとすると、面の種類が3種類あるのだから直方体の場合は、たとえばかかし型一つをとってもいろいろできそうだということに気がついた。

↓

直方体の時は面が3種類だから
展開図も3倍になるのではないか

典型的な展開図「十字型」で本当に3通りあるかを作ってみることになる。

↓

友達の3通りの整理の仕方の
目のつけ方を理解しよう

すると、子どもによって3種類の作り方が異なる。Yが本当ならば下のように作らないとだめだと言い出した。

そこで彼の目のつけ方について理解しようということが今度は課題になる。

この授業で、私が示した問題は多いか少ないかだけ。しかし、子どもたちはより細かな課題を作り出して行っているではないか。この問いが詳しく精細になっていく過程にこそ意味がある。

これを子どもと対話をしながら変化させていくこと。

これが私が目指す

対話型＋課題成長型の算数授業

である。

授業のまとめは、これらの課題の変化とそのつながりの必然性を価値づける。ここには課題が成長していく必然的な論理がある。社会に出て、彼らが必要とする問題解決はこのように最初は漠然としていた問題が動き出すと細かな課題として浮き上がってくる。

だから学校現場の算数も、正解至上主義の算数から脱却して、「課題設定能力」の成長を目指す授業づくりを意識していくことが新しい日本を創るためには必要だと考えるがいかがだろうか。

課題設定能力に視点をあてた５年「単位量当たり」の授業

実際の授業は４年３月研究会

この授業も映像で観る算数授業として刊行されている。今度は課題設定力という視点で分析してみる。

まずは授業展開を紹介する。

子どものイメージを大切にした「単位量当たり」の授業を創る

（1）誰がゆったりしている？？

電子黒板で次のような図を示して、問題場面を伝える。

　長方形の部屋の中に子どもが６人います。
　どの人が一番ゆったり過ごしているでしょう。

子どもたちがにぎやかに反応する。

●を指さしながら子どもたちの意見を聞く。

当然のように、一番右下の●のところでたくさんの手があがる。

理由を尋ねると「その人だけ、まわりの空間が他の５人の人よりも広いから」と言う。

他の子どもたちにも理由を尋ねていると、画面の●が動いた。（パソコンのスクールプレゼンターというソフトのアニメ機能で仕組んでおいたのである）

これで子どもたちは大喜び。

そして口々に言う。

「えー、動いちゃうの。動いたらわからなくなるよ」

「ゆったりの人が変わった」

そんな中で、「先生、それならちゃんとみんなが平等になるようにすればいいのに」という声が出る。これを待っていた。

そして、下のように並べ直してくれた。

これを見て、もっと壁にくっつけて正確にしたほうがいいという意見も出る。

子どもたちはこの時、どこを見ているのだろうと私は思ったので、それを尋ねた。

すると、一人ずつの子どものまわりを円形でとらえている子と、段ボールなどで区切ったように長方形や正方形の形で意識している子がいることがわかった。

(2) 「ゆったり度」が同じになったら手をあげて

次に、私は画面にもう一つの部屋を提示して次のように告げた。

「実はもう一つ部屋があるんです。今度はどちらの部屋の人がゆったりしてるかなあ」

先ほどは、部屋の中の個について尋ねた。

今度は部屋と部屋を比べる。

つまり状態の比較へと視点を移したのである。

すると、子どもたちはみんな2号室のほうだと言う。理由は

「いる人数は同じなのに部屋の広さが2号室のほうが広いから」だという。

続いて、次のように告げる。

「では、今から2号室に人が入ってきます。ゆったり度が同じになったなと思ったら手をあげてください」

|2号室7人の時| 誰も手をあげない。

|2号室8人の時| 1人手をあげる。
　　　　　　　　少しして2人あげる。

|2号室9人の時| 大勢が手をあげる

しかし、8人の場合かもしれないという友達の意見を聞いて迷い始めた子も出始めた。

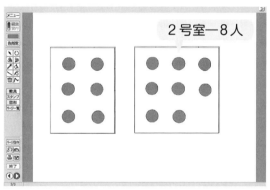

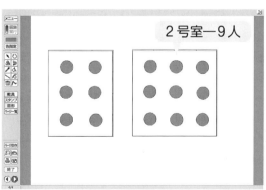

「そういわれると9人だと2号室はちょっと窮屈かなあ」という声も増える。

だが、多くの子どもはやはり下の場合の9人の時だと信じている。

そんな時に「先生、上の部屋の場合で真ん中があいているのはないの??」という声。

同じ8人でも次のように並べるのとではゆったり度は違うというのである。

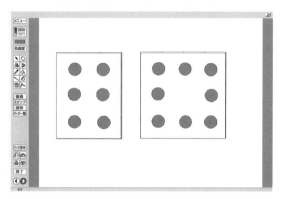

真ん中に配置するとリビングのようでちゃんと使えるから「ゆったりさ」は増すというのだ。

ところでここで、私は「ゆったり度」と言ったり「ゆったり具合」「ゆったりさ」と言ったりしている。

なかなか状態を伝える言葉は難しい。

(3) 並べ方ではなくて計算で調べればいい

ここまでやりとりした段階でN男が、「みんな並べ方で考えているけど、計算で調べればいい」と言い出した。

ここまでの話し合いで、イメージ化はたっぷりと味わったと私も考えたため、そろそろ計算で決着をつける段階に入るのはよい考えだ。

しかし、この段階ではまだ部屋の広さはわかっていない。

N男は、自分で適当に長さを決めてやったというから驚きである。

そしてこうした力こそが「たとえば」と問題解決を前進していく力となる。

この時、驚いたのは彼が使った数値である。

1号室は縦を4m、横を3m、2号室は縦4m、横4mの正方形としたというから参った。

私は「よし、じゃあそれを採用しよう」と告げたが、私が準備していたものもこの数値とまったく同じである。

図形的に予測すると確かにこの数値にたどりつく。それにしてもいい感覚である。

おそらく、1号室が6人であることからわり切れるように12㎡になるようにしたのだと思われるが、素晴らしい。

これを使って計算すると

12㎡ ÷ 6 = 2 ㎡
16㎡ ÷ 8 = 2 ㎡
16㎡ ÷ 9 = 1 .777・・・・ ㎡

つまり、8人の時が同じなのである。

これには、参観していた先生たちも驚いていた。

見た目では大人も9人の時が同じとだまされていたからである。

しかも1号室の6人を、縦3人にそろえて並べたのは子どもである。

私はそれに合わせて2号室の配置を決めただけである。もしも、子どもがそのように並べなかったら…という質問を後でいただいた

が、均等に並べようとすると、この長方形の場合は縦3、横2に並べたくなる。

子どもたちが1人ずつの空間をどのようにとらえているかという感覚を大切にした展開が

「平等に並べたらいい」

「一人ずつのまわりがゆったりとなるように」

という発想となり、自然にあの並べ方になる。だが、その時の単位当たりの量を現実に作ろうとすると実は困ることになる。

これがここからの課題である。

(4) 一人ずつの2㎡の実態は？？

さて、計算で1号室は6人、2号室は8人で一人ずつが2㎡になることがわかった。

では、この2㎡ってどのようになっているのだろうと考えさせるのが、最後の課題である。

すると、1号室は最初のように区切ったのでは、2㎡の長方形の正確な縦、横の長さが求められないことに気がつく。

横は1.5mとなるが、縦の4mを3でわると1.333となってわり切れない。

分数のかけ算をまだ学習していない子どもたちにとってはわり切れない数とかけ算して正確に2になるのかは不安なのである。

均等に分割すれば、計算上はそうなっているはずだが…。

すると、別の子どもが次のように並べた。

図A

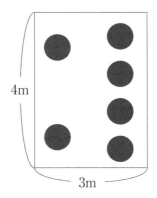

一見すると、一人ずつのゆったり度は明らかに違いそうだ。

しかし、実は下のように考えればいいのである。

これならきちんと2㎡であることが確認できる。

図B

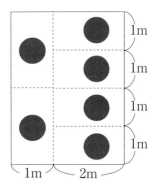

もちろん、いずれは、先ほどの均等分割したものもとらえることができるようなるだろうが、計算で求めた単位量当たりの数値の意味をこうして見つめ直していく体験も大切である。

理想化して求めた数値がどのような意味を持つのかはこうして少しずつ成長させていくのがいい。

課題設定能力に視点をあてた
5年「単位量当たり」の授業

課題設定能力を育てることを意識する

この授業では、子どもたちが次のように課題を具体的にしている姿が見える。

> **まずは教師からの問題提示**
> 誰がゆったりと過ごしていると言えるか。

> **子どもの解決とそこから生まれた課題**
> まわりが広い子がゆったりとしている。でも子どもだから動くので、本当はみんなが平等になるようにしたほうがいいからその並べ方を考えよう。

> **教師からの問題2**
> 1号室と2号室のゆったり度が同じになるのは2号室が何人になった時かな。

> **子どもの課題2**
> 8人の時か、9人の時か、はっきりさせよう。
> そのために一人ずつのゆったり度がわかるように並べ直してみよう。

> **子どもの課題3**
> 並べ方で考えるのではなく、計算で比べることはできないだろうか。
> そのためには、部屋の広さを教えてほしい。※実際の授業では、子どもが調べたくなって自分で数値を決めている。

求めた結果に対して

> **子どもの課題4**
> 答えの2㎡はどのようになっているのだろうか、図で確かめてみよう。

と続く。課題4は教師から持ちかけているように見えるが、実は本時の活動の前半で子どもたちがずっと話し合っていたのは、並べ方のことだった。

だからそちらの見方に戻しただけである。その意味ではもともと子どもたちが持っていた課題である。確かめてみようとすると、別の一人分の広さの取り方（図B）が見えてきた。

子どもの無意識の課題を整理すること

p.12で「教師の出番」についての悩みを書いた。完全に子どもたちだけの言葉で課題成長をさせていったのでは、深まらないこともある。時には教師のほうで課題の成長のさせ方の見本を見せることも必要だと考えている。しかし教師からいつも一方的に設定していたのでは意味がない。

そこで子どもとの対話の中で彼らが必然的に持つであろう無意識の問いを引き出し自覚させるという折衷案も最近は用いることにしている。

だがくれぐれも飛躍のない位置づけとなるように自省しながらの提示が必要だと戒めているところである。

写真で見る「単位量当たり」の授業

自分の考えを説明する子どもと、それを真剣に聞いている子どもたち。
子どもの課題がつながり変化しながら授業がつくられていった。

校内研究会

5年「割合」の授業

本校の校内研究会は日本一厳しい。

算数部の場合は回ってくるのが6年に一回であるためチャンスも貴重である。

本稿は私の2014年の校内研究会での提案授業での提案である。6年前から同様の場面での授業改革に挑んでいる。前回は「小数の割り算」の場案であり、こちらも授業DVDとして刊行されている。

授業の実際

(1) 目的は実感できる式と形式でつくる式のつながりを見出すこと

単元は、5年の割合。問題を黒板に書く。

> 定価の25％引きにしてもらったので400円安くなりました。定価はいくらだったのでしょう。

黒板に問題文を書いた瞬間に何人かの子どもが「えー、また〜」とつぶやく。そうである。実はここまでの授業で、次のような問題を私は子どもと行っている。

A）定価1600円の品物を、400円安くして売りました。何％引きと札をつければいいのでしょう。

400÷1600=0.25　25％引き

B）定価1600円の品物を25％引きにしました。何円安くなったでしょう。

1600×0.25=400　400円安くなった

そして、今回の問題である。

つまり、問題場面はまったく同じなのである。

だから答えを見つけることは難しくない。答えを見つけるためにどのような式が必要なのか、さらに出てきた複数の式と式の関係を説明できるようになること自体を目的にするのである。

子どもたちに自由に解かせると、多くの子がノートに次のような式を書いた。

> 400×4

この式を見て、「問題文にあるのは25％なのにどうして突然4？」という素直な質問が出る。

ここでみんなで確かめる必要のある課題が一つ生まれた。

> **課題1** 200×4の4の意味は何？

200×4を作った子が$0.25=\frac{25}{100}$と黒板に書いて、これがヒントだという。

すると別の男の子が図をかいて25％の4つが全体だから4倍すれば定価が出ると説明す

る。

さらに「$\frac{25}{100}$は$\frac{1}{4}$でしょ。それを1にするには4倍すればいい」と分数の式に置き換えて考える子も出る。

ここまでのやりとりは簡単なことのようだが私は大切なことだと思っている。

割合の問題をこのように、公式をすぐに使わないでイメージを元にして立式していくことが苦手な子どもが実は多いからである。

文部科学省が行う学力テストでも平成24年度の問題に、この25％という数値を使った問題がある。

この時の学力テスト全体の平均正答率は73.5％だった。その中で、この割合の問題の正答率は58.7％である。

問題の数値が25％なのにである。

さらに、学力テストでは親切に図までついていて視覚的にもすぐにわかるようにしてある。図を見れば4倍になることは自明なのに、公式にはあてはまらない式なので子どもたちは使っていないのである。

だから正答率が6割を切る。

私のクラスの子どもたちは逆に素直に式を作ることができるから、すぐに4倍している。そしてそのイメージもちゃんと語れるのである。

学力テストで苦労している子たちの多くは、公式の持つ意味が実感できない子、さらにイメージ通りの式を作ることを肯定されてこなかった子どもたちなのだと思う。

こうした思いもあって、本時の問題は同じ25％を使っている。

多くの子が400×4の式を作ったことに少し安心したのが本音である。

だが、ここに公式を使って400÷0.25という式を作った子もいた。だからここで指名する。この式を見て×4の式を作っていた子たちが「え？」とつぶやいた。

×4はイメージ通りだが、0.25で割るというのは実は大人でも実感できない人が多い。そこで、式を作った子にどうして÷0.25にしたのか、を尋ねる。

課題2 どうして0.25で割るの？

すると、400は部分で25％は割合だから、$\frac{部分}{全体}$＝割合となるので、これから式を作り直したという。

すると全体＝部分÷0.25という式になる。

私は割合の指導の際には、教科書に掲載されている公式ではなく、この部分と全体の関係を分数で表した式を使うことを先に指導している。

40人のクラスで7人欠席したら欠席率は$\frac{7}{40}$とすればいい。

これだと子どものイメージに近い。

もともとこの国の子どもたちは分数を割合としてとらえているほうが強い。

だからそちらを使って先に表現させて、この$\frac{7}{40}$を小数にするのは商分数の学習をしているので7÷40と式にする。

式変形を使えば、後は3つの公式を覚えなくていい。

校内研究会　5年「割合」の授業

「比べられる量」とか「もとにする量」という言葉自体への抵抗があることも、日本の子どもが割合を苦手とする原因の一つにもなっていると私は考えているので最初は部分と全体という言葉で割合を考えさせてみる。

実は「もとにする量」という言葉が必要になるのは、対等な量の割合になってからである。

教科書でも実は最初は部分と全体の関係を扱っている。

割合のイメージができてから、対等な二量の比較に入る。

この時に初めて「もとにする量」という言葉が必要になる。

この時、もう一方は「もとにしない量」。つまり「比べられる量」である。

この「比べられる量」という言葉がそもそも曖昧な言葉で、子どもたちを迷わせている。よく考えたら言葉通り読むと、割合の問題の場合、いずれも「比べられる量」なのだから、子どもが迷うのも無理はない。

授業では、この時は二つの式を並べて、「この二つの式だとどっちが納得できる？」と私が尋ねた。

すると多くの子どもが400×4のほうだという。一人だけ「でも×4は25％だからいいけれど、それが35％などになるとだめだ」とつぶやいた。

これは数学的にも本質的な問いである。

本当はこの話題で後半を展開してもよかったが、今回は二つの式の関係を見つけるのが目的であるため、ここでは扱わなかった。今考えると、とてももったいない場面であったと言える。

ここで教師から「この二つはかけ算と割り算と全く違う式なんだけど、どうして答えが同じになるんだろうね」と問いかけた。

これは子どもの質問から生まれた課題1、課題2と異なり、教師からの視点変更のために投げかけたものである。

すると、数人が「いや、式は違うけれど同じだよ」とつぶやく。

これに対して「いや、意味が違う」「でも答えは同じだけどね」という声がする。

こうして、黒板の真ん中に

> 400×4と400÷0.25の式は同じ？

と本時の中心課題を書いた。

少し個々で考える時間をとる。

この時点では、この二つの式のつながりが説明できると挙手してきたのはわずか7人だった。そこで、この中の一人に他の子の解決のためのヒントをもらうことにする。

すると…

「たとえば　4マスのを使うと、400を1としたときに4は1600となるでしょ」という説明が始まる。

（4マスの表…拙著『語り始めの言葉「たとえば」で深まる算数授業』東洋館出版社　を参照）

しかし、聞いていた子からそれでは0.25が出てこないし、つながりが見えないという意見。

R子は、先ほどの式の$\frac{25}{100}$を使って400÷$\frac{1}{4}$

として、だから逆数をかけると説明した。おそらくこの子は分数の割り算の仕方をどこかで習っていて逆にかければいいから400×4になるとしたのだと思うが、分数で割る計算はまだ未習で使えない。

ただ子どもたちとここまでに
○÷2＝○×$\frac{1}{2}$のような関係は学んでいる。
R子には、分数のかけ算と割り算の関係がこの式をつなぐものだと見えたのは確かだ。先ほど35％になると×4の式は使えないと言っていた子も「そうか、だから分数はいいんだ」とつぶやいている。

先行知識のある子たちは、ここでこの式のつながりが見えたらしいが、他の子どもたちには活用できない。

だが、このつながり方はいずれ全員に体験させたい見方ではある。

ここまでの話し合いで、$400÷\frac{1}{4}$を$400×4$とつなげばいいことは見えてきた。

(2) $400÷\frac{1}{4}$はどのようにして計算するのだろう

しかし、そもそも$400÷\frac{1}{4}$はどうやって答えを出すのだろう。

ここでいったん、話題は$÷\frac{1}{4}$の計算の仕方を考えることになる。

課題3 $400÷\frac{1}{4}$の計算はどのようにすればいいのだろう。

これは、後でビデオで記録をとっている時に気がついたのだが、ビデオの近くにいたグループのS男が「$400÷\frac{1}{4}$は$400÷1$の答えの4倍になる。

1ずつ取るのと、$\frac{1}{4}$ずつ取るのでは取れる回数が増えるから」と説明していたのが聞こえた。

残念ながら私には授業中に聞こえていない。これを使うことができれば計算の仕方の説明としてはわかりやすいのに残念だった。

このようにグループで自由に話し合いさせる活動は発言の頻度を増やすにはいいけれど、教師が把握できないという問題点がある。

この時はY男が「$÷\frac{1}{4}$は習っていないから、割る数を整数にするために…」と説明しかけた。

私はここで、この話題を全体で考えさせようと瞬間に思ったので、ストップをかける。

新しい発想が出たときは、続きをみんなで考えてみてもらいたいからだ。

Y男の視点を他の子どもに伝えることで後半の解決の瞬間を共有させていくのである。

この後、割り算のきまりを用いて、「$\frac{1}{4}$を4倍したら1になるから両方4倍する」という計算方法が他の子どもからも説明された。

	400		÷		$\frac{1}{4}$	
×4	↓				↓	×4
	400×4		÷		1	

(3) 大切な場面では小刻みに再現活動を取り入れて子どもの理解を評価する

これは、本時の授業で一番大切な場面である。

そこで、全員がきちんと聞き取っているか

校内研究会　5年「割合」の授業

どうかをチェックするため、他の子を指名して、再現できるかどうかに取り組んだ。
　すると、
ア）400を4倍して、
　　それから$\frac{1}{4}$を4倍する
と説明した子がいた。
　これを聞いてT男がそれでは順番が逆だと言う。
　$\frac{1}{4}$を整数にするために4倍すると決めて400も4倍にしたのだから、4を決める順番は大切だと言う。
　これは素晴らしい意見である。
　アの説明をした子は、黒板に書かれた式の変化だけを見ていて、どうして4倍にするのかという操作の意図までは伝わっていなかったことがわかる。
　再現活動をこうして取り入れると、子どもたちの微妙な理解度の違いが見えてくる。
　評価の方法としても小刻みに活用したい。
　ここまできて、式は400×4÷1となった。
　かなり400×4と近い。私はここまでくればもうつながりが説明できるのだと簡単に考えていたが、子どもにとってはそうはなかった。
　M子につながりを説明させようとすると
イ）400×4÷1を400÷1×4とすると、
　　これは400÷0.25になる
と言い出した。
　どうやら商分数の1÷4=$\frac{1}{4}$となることをここに入れて400÷$\frac{1}{4}$と直接つなぐことで確かめようとしたのだが、よく見ると1÷4はこの式の中にはない。彼女はここで戸惑って

説明をあきらめた。でも実はこの視点はとてもいいのである。
　400÷4×1を400÷1×4にして、これを400÷（1÷4）とすれば、R子の想いはすっきりとするのだが、○÷（□÷△）=○÷□×△になるという学びはまだ未体験である。
　（　）を使った式のつながりは、加法や乗法では体験しているものの減法や除法では小学校では学ばない。
　これはこうして式の変形を視野に入れる意味でも今後小学校でも扱っていくとよいと私は感じている。
　実は、この授業と同じ目的で小数の割り算の授業に挑んだことがある。
　この時も（　）を使う式の変形を事前に指導に取れ入れた試みも行っていた。
　こちらはDVD映像で観る算数授業シリーズ「200÷0.5という式でいいの？」（内田洋行）として刊行されているから参考にしていただければうれしい。
　実は私はこの比の第三用法の場面をずっとテーマにして追いかけているのである。日本の子どもたちがもっとも苦手とするところだからである。
　この後、K男やR子が400÷$\frac{1}{4}$が400×4÷1になり、この式を1で割っても答えはかわらないからそのまま400×4となる。だから二つの式はちゃんと結びつくと補足してくれた。
　ここまでで授業は37分間である。
　子どもたちが見事に400÷0.25を変身させ

ていくことで話題はつながっていった。目的はとりあえず達成できた。

(4) 混乱した最後の10分に本質があった

ところが最後にY男が最初に書いた4マスの表とのつながりを説明し始めたころから混乱が始まる。

懸命に説明するがなかなか他の子どもには伝わらない。

見ていた大人もこの後半の10分間の子どものやりとりにはついていけない状態だった。実は私も、これをどのように扱っていいか、迷っていたのが正直なところである。

授業後の研究協議会においても、内容が高度だった、大人が理解できなかった、と指摘された。反省するところである。

ところがこの原稿を書くために、冷静になってビデオを巻き起こしていて、私は鳥肌がたった。

以下がその時のY男の説明である。

「400÷4をすると1にあたる答えが出てその答えの400がここにくるでしょ」

「そして400÷0.25の時も割るとここに1にあたる答えがくるの。だからこれは同じことなの」

これは割り算の本質である。

Y男はこの表を使って、もっとも大切な原理を説明していたのである。

割り算は1より大きい数でわっても小さい数でわっても、要するに1にあたる量が出るということは、言葉でいくら説明してもなかなか子どもたちが実感として納得できないでいるのだけれど、Y男はこの表からそれを実感し説明していた。

ただすでに授業時間が残り5分であったこと、さらに説明しているY男の言葉がとぎれとぎれで整理されていないこと、またそれまでの議論で全体が疲れていたこともあり、中心課題として取り上げることができなかった。もっと真剣に取り上げて最後にまとめていければ、比の第三用法のまとめには最適だったのにと悔しく感じたのだった。

ところで、Y男の使っている4マスの表における割合の数値を書く場所は、一般に用いられる比例の表の位置とは異なるところになっている。

そしてそれは私が書籍で紹介している書き方とも異なる。

これは今回のクラスでは、私が、子どもたちの説明のしやすさに合わせて、位置を変えることを許しているためである。

同様のタイプの表を用いた実践は他にもあるが概念を育てることを目的としている場合は、1の場所を固定していることが多い。私は関係の表現として扱っているため、ルールを緩くしている。そのほうが子どもの説明のためのツールとしては使いやすいと感じたからである。

算額 「算額」遊びを楽しむ

修学旅行で奈良の東大寺に訪れた時のこと。私のクラスの子どもたちだけ、そこに掲げてある「算額」に夢中になった。

算額とは、神社やお寺などに奉納されている昔の和算の問題。

難問を解いた時に掲げてみせたり、自分が解けない問題を互いに解くために紹介し合ったり、諸説はいろいろだが要するにかつての人たちも、知恵比べの交流を楽しんでいたわけである。

こんなエピソードを子どもたちに紹介したら、さっそく神社をいくつか巡って本物探しに出かけたり、自分たちも友達と問題の解き合いをして楽しむ活動などもし始めた。

私はせっかくだから、それを算数の授業に位置づけた。

まず自分が解けた問題で、友達に解法を説明したくなるものを探してくる。画用紙の表にその問題を紹介し、裏側には解答、解説を書く。その際、友達が解くことを楽しめるように、後ろの解答は小刻みに分割して画用紙で一部分ずつを見せられるように工夫させてみた。

問題の解法がいくつかのステップに分割されて、示されるわけである。

この活動自体に大きな意義がある。

自分の思考過程を振り返ることにもなるし、友達にはどこまでヒントを示せばその問題が楽しめるかを考えていくことになるからである。

子どもたちの感想にもたくさんあるが、ともかくこうした交流活動は子どもたちは好きである。

それは自分も先生役になるチャンスがあるからだろう。説明活動もこうして思考の過程のステップを子どもたちに意識させていくと、相手にとってわかりやすいものになっていくと考えるのである。

下の問題は、私が公開授業で円周角に関わる問題を取り上げた後で、子どもたちが興味を持った時に探してきたものである。（円周角は中学校の内容だが、こうして興味を持てば小学生の子どもたちにも楽しめる要素がある）この交流活動は、相手の問題を選べるというよさもあるため、子どもによっては自分の得意、不得意に合わせて難易度を変えて交換しているようだ。

〈オモテ〉　〈ウラ〉

ヒントを一つずつめくっていくと…

\考えることを楽しんだ/
4部 6年 田中学級の子どもたちの声

> さて、ここからはちょこちょこ子どもたちの作文も登場。クラスの本当の姿とは…?

算額の世界　　　　　　　　　髙橋りく

　六年になってから、算数でたまに『算額』というものをやります。
　算額は、和算家が自分の発見した数学の問題や解法を書いて神社などに奉納した絵馬のことで、額面題とも言います。昔の人はこの算額を使って知恵競べをしていたと言われています。
　私たちは算数の授業で『算額』をやる時に、毎回算額ワールドに入り込んでいると思います。この算額ワールドでは、昔の和算家になりきることができます。算額を解く楽しさや問題を探す大変さも味わうことができます。例えば問題を探す時。算額は、知恵競べをするためのものだから、問題はできるだけ難しくした方が良いのでいろいろな本を参考にして作っています。そして、いろいろな人と問題を解きあう時、相手の人から「この問題難しいね。」と言われると嬉しくなります。
　難しい問題が解けると爽快な気分を味わえるのでこれからも知恵をつけてがんばります。

算数は怠け者　　　　　　　　　西嶋叶

　「算数のどこが面白い?」と聞かれたことがある。大抵の人は、「算数は答えが一つだから。」や「覚えなくて良い。」、「頭を使えば答えが出る。」などと答える人が多いだろう。私もそう思う。また私は、「達成感」という感覚があるから好きだ。しかし、知っている問題が解けても達成感はないのであまり、おもしろくない。
　私は、「場合の数」という単元がとくに好きだ。なぜかというと、正攻法がキツいと思ったら、頭を使って逃げて良いから。ところが、国語で百字以内で書きなさいといわれたら、八十字以上は埋めなくてはいけないのでこちらは逃げられない。
　私が算数の好きなところは、知恵を使って「楽な道を探して、汗をかかず正答を目指す。」「いままでの経験をフル動員して、試行錯誤して楽な道を探す。」その2つが、「算数の魅力」だと思う。でも簡単に言うと、私は怠け者なのかも…。

算数と私　　　　　　　　　中野弘貴

　少し前の研究会で「平均」について学習した。以前の平均は、全ての総和を足した物・人を個数・人数で割れば答えが出た。
　そして少しバージョンアップしたのが「速さ」だ。例えば「車が片道150kmの距離を行きは30km/hで帰りは50km/hで往復した時の平均速度は?」という問題の場合、往復300kmを往復でかかった時間8時間でわれば37.5 km/hと答えが分かる。だが僕はもっと簡単な下の方法をあみだした。
　この問題からもわかるように、速さの比と時間の比は逆比になる。この図だと、時間3:5に対して速さ5:3になっている。時間の比が3:5なら速さの30と50の間の3:5の地点、つまり $\frac{3}{8}$ の地点に平均時速があるはずだというのがこの図の理論である。
　このように平均には、「相加平均」「調和平均」があり、今回は挑戦しなかったが「相乗平均」というのもある。次はそれに挑戦したい。
　僕の算数への追求は終わりを知らない。

正十二角形のかき方　　　　　　　山中文登

　正十二角形をコンパスと線を引く定規だけを使ってかく。与えられた時間は、10分間。
　正六角形がかけたのだから、正十二角形の一辺の長さは、その半分になるだろう。それなら簡単じゃないかと、たかをくくっていたぼくは、すぐにきゅう地に立たされた。
　定規で測ってはいけないその半分を、どうやって出せばいいのか?ぼくは迷いながら、正六角形を6つの正三角形に分けてみた。
　すると、正三角形が2つ合わさってできたひし形が見えた。ひし形の対角線は、2本がたがいに垂直に、ほかの対角線を2等分するんだったな。
　2等分?ということは、このひし形の短い方の対角線の半分だ。短い方の対角線は、正六角形の一辺の長さと同じだから、その二等分が正十二角形の一辺の長さになる。
　うれしかった。これなら、条件を満たす。ぼくは、やったという気持ちで線を引いた。
　出来上がった正十二角形は、最高だった。

> **教室での最後の公開授業**
>
> $5-(-3)=5+3$
> となるのはなぜか
>
> 中学校へのかけ橋

中1 プロブレムへの対応
負の数を六年生でどこまで扱うか

　本校が使っている学校図書の教科書には六年生になると、三冊目が存在する。

　それが「中学校へのかけ橋」と称する別冊子である。中1プロブレムへの対応として意識された構成になっていて、この中に正の数、負の数を扱うページがある。

　今回の研究授業ではこの単元の発展を取り上げた。

　負の数の学習については、諸外国では小学校四年生ぐらいから扱っているところもあり、先進国日本の算数も視野に入れてよいところだと私も思っている。

　教科書での学習対象は、加法までで負の数の引き算は入っていないが、卒業前のこの時期になると、すでに子どもたちの多くは形式としてマイナスからマイナスを引くとプラスになるということを知識として知っている子がいる。

　そこで、この「問い」を最初からストレートに取り上げることにした。

子どもの内在化した「問い」を
どう扱うか

　実は研究会の1週間ぐらい前から、算数の研究室にしつこく質問に来る女子が二人いた。

　彼女たちの質問がそれで、たとえば $7-(-5)$ が $7+5$ となるのはなぜかというものだった。

　次の週に研究会で扱うことにしていた私はその場を適当にごまかしていると、その子たちは朝から私の駐車場までやってきていて、「今日はその授業をするか」と迫ってくる。

　面白い子どもたちである。

　似たようなことは $200÷0.5$ の授業の時にもあった。

　0.5mが200円のリボンの1mの値段を求めるというときの式としてこれを $200÷0.5$ と式をつくることに、抵抗を示している子どもたちの存在である。

　だからこの時も私はストレートに「この問題に $200÷0.5$ の式を使うことに賛成するか」と問いかけた。

　これらの問いは子どもの言葉として、直接授業で表現されるものではないが、確かに子どもたちの中にあると確信できるものである。

　そんな時は、その言葉を引き出すために這いまわるより私は直接問いかけて、すぐに本題に入ったほうがよいと考えている。

　これが授業開始直後にすぐに黒板に問題を書いた理由である。

授業の展開

(1) いきなりの問題設定

> 5−(−3)＝5＋3となるのはなぜか

いきなりこうして板書した。このあまりにもストレートな問題設定に、参観していた先生たちの中には戸惑った方もあるだろう。

日本の算数教育はこの問題設定の場面で子どもたちから課題を引き出すために苦労している傾向を持つからである。これがいわゆる意欲づけの場面であり、大切にすべきだと教えられてきたところでもある。

しかし、それにかたよるあまり本当に話し合いたいことに時間がとれない授業もたくさん見ている。

仮に子どもからその言葉が出たとしてもそれはもしかしたらたった一人の問いかもしれない。

それを這いまわって待つよりは、潜在化している問いを見つけたら時にはこうしてストレートにぶつけてみたらどうだろう。

引き出すべき問いは実はこのあとにあると考えるのである。

先ほど、紹介した小数の割り算の式化の場面や本書で述べた割合の問題、さらには分数の割り算はなぜひっくり返して掛け算するのかなどは、誰もが感じている内在化した問いである。

(2) 説明できない子どもたちを原点に戻す

さて、最初の問題について、説明できると手をあげたのはわずか3人だった。他の子どもたちは形式は知っているけれど、どうしてかというと…説明できないなあと戸惑っているのがわかる。

もちろん、これは無理もない。だからこそ授業しようと思ったわけであるから。

そこで引き算について尋ねることに軌道を修正する。

「引き算ってどんな場面に使ってきたのだろうね」

すると、子どもたちは5人の男子と3人の女子というように違いを求める時や、5このおまんじゅうから3こを食べた時の残りを尋ねる時だという。

こうして原点に戻ると、「そうか、違いだったら説明できる」と子どもたちは急に元気になった。

次のような数直線を使って5と−3までの違いだからこの間は8あるという。

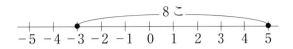

私はなるほど、2つの点の距離だねと言い換えた。こうした場面での教師による言い換えは実は気をつけないといけないところである。あまりにきれいにまとめてしまうと、子どもたちが友達の意見を聞かなくなるからだ。

教室での最後の公開授業　5−(−3)＝5＋3となるのはなぜか

しかし、この場面のように意味がちゃんと伝わっていると判断できるところでは、言葉として「距離」というような言い方を伝えてもいい。するとイメージが伝わりやすい。

こうして、差についての考え方だと子どもたちもなぜ足すのかについて抵抗がない。

(3) 取り去る引き算で説明はつくか

では、続いて最初に考えた2つの意味のもう一方について議論することになる。

「残りは」と考える取り去りの場面である。

−3を取り去るとはどういうことなのだろうか。私はトランプのカードゲームからマイナスの手札を取り去ることは結果的に得点が増えるというような場面を使って説明してくれることに期待していたが、子どもたちは別の説明の仕方をいろいろと考えた。

−3をとるということは0の原点に戻ることだから逆の向きに動くことだと考えればいい。

だからこれを逆に推し進めていくと考えると、このような逆Vの字の数直線で押し戻すことになる。だから足すのだ。

別の女の子は−3から−3をとると0になるのはみんなわかるんだよねと言い出した。

同じ数同士の引き算は結局なにもなくなるということは理解できるかというのである。

これについてはみんな納得している。

それならば

−3−(−3)＝0となるからこれは結局−3＋3と同じことになる。

すでに数学の証明の技法につながっている考え方である。たいしたものである。

(4) 公開授業の続編

その後、子どもたちとは

−7と−4の違いはいくつか？

という問題について考えた。

すると、今度は答えは3だという子と−3だという子に分かれた。

確かに数直線で表現させるとその差に当たる部分は数直線ではマイナスの部分になっている。

これについては、実は公開授業の時に差で説明を受けた時の子どものノートにも同様の疑問が書かれていて、「みんなは距離は8だというけれど、その中にマイナスのところがあるから本当は変だなと思うのだけど」という記述があった。

子どもらしい素直な感覚である。

そこでこの二つの数の違いは3なのか、−3なのかを議論する。

すると−4からみると−7は3だけ小さいことがわかる。だからこれは−3と答えたほうがいいという。

いや違いは引き算だから

－4－（－7）というように大きいほうから小さいほうを引くのだからこれは＋3になるという説明である。

一方で－7の立場から見ると、－4より－3進んだところにある。だから違いは－3と答えたほうがよいことになる。

このように正の数の時の引き算はいつも大きいほうから小さいほうを引くだけだったけれど、負の数を学ぶとどちらを基準にするかをはっきりさせないと答え方がかわってしまうことがあることがわかる。

－3小さい　という言い方が実は3大きいという言い方と同じであることなど、算数の言葉の面白いも子どもたちが味わう時間となった。

負の数を使ったトランプゲーム遊び

中学校の数学の教科書にも少しだけ掲載されているが、トランプの黒のカードを正の数、赤のカードをマイナスとしたゲーム遊びを私はクラスの子どもたちに作らせた。

ルールの共通点は上記のことだけ。

あとは、グループごとにどんどん変えていってオリジナルカードゲームにしていくのである。負の数の学習に限らずこうしてゲームのルールを作って友達に説明するということ自体が論理的な説明力を向上させるのによい。

しばらく班のオリジナルゲームで遊んだ後は、他の班の友達に自分たちのゲームを説明して遊んでもらうことにする。

子どもの作ったゲームだけど、なかなか面白い。ゲームをしながら正の数、負の数の加法減法をたくさん味わうことになる。

友達同士でたくさん遊んで、意見をもらった後は再び班のメンバーでゲームの改良を行う。完成したら今度は書き言葉で表現することになる。

つまり説明書づくりである。

算数と総合、そして国語の説明文の授業を兼ねた活動ができた。

以下に子どもの作ったシンプルなゲームの解説書を紹介しておく。

授業参観記

感動の連続！
6年生最後の公開授業

福島県　加藤彰子

　今回は田中先生が6年生と行う最後の公開授業と聞き、どきどきしながら参観させていただいた。授業開始前から、授業終了まで約2時間。子どもたちの姿から目を離せなかった。

■授業前の子どもたちに感動！

　授業開始まで約1時間。何をして過ごしているのかな、と思っていると、子どもたちはずっとトランプで遊んでいた。しかも、男女関係なくグループをつくり、顔を寄せ合いながら遊んでいる。男の子と女の子が交互に手を重ね合わせて遊んでいるグループもあった。6年生であることを忘れさせるような光景だった。私の知っている6年生は、お互いに意識し始め、あまり一緒に遊ばなくなったり、手をつなぐことを恥ずかしがったりしていた。こんなふうに男女関係なく遊べる子どもたちはすてきで、うらやましく思う。

■トランプゲームの説明に感動！

　トランプの「黒」をプラス、「赤」をマイナスにするという共通のルール以外は、グループで考えたという、トランプゲームも見せてもらった。実際にルールを教えてもらい、ゲームに参加することができた。「例えば、○○なときは…」「もしこうなったら…」と具体的な場面で説明していた。「ここまで大丈夫ですか？」と確認することも忘れない。ルールは本当に子どもたちが考えたの、と思うくらい工夫されていた。同じ班の子たちが友達の説明をうなずきながら聞く姿もかわいかった。

■算数の授業に感動！

　「$(+5)-(-3)=(+5)+3$となるのはなぜだろうか。」田中先生がこう子どもたちに聞いたとき、「どう説明するのだろう」とどきどきしながら見ていた。「そもそもひきざんってなんだっけ？」の問いに、「差」「残りの数」という話がでた。「差」の考えでは、「0を基準にして、どれだけ離れているかだから…」と(-3)と$(+5)$の間の距離と考え、説明した。その後、先生が「残りって考えると説明つくのかな」と聞かれ、びっくり。私もどう説明していいのかわからなかった。しかし、子どもたちは、自分なりに考え、一生懸命伝えようとしている。すごいと思ったのは、「$(\ 3)(-3)-0$になるのであれば、$-3+3=0$だから、$-(-3)$は$+3$と置き換えられる。だから、$+5-(-3)$は$+5+3$といえる」とした女の子の考え。私は最初この子が何を言いたいのかわからなかった。そのあとは私も必死になって子どもたちの話を聞いていた。ふと聞いている子どもたちの姿をみると、これだけ難しい話をしているのに、子どもたちはみんな笑顔で、友達の話を一生懸命聞いている。田中先生も子どもたちも授業を楽しんでいるのが伝わってきて、私も楽しくなった。

　とても充実した二日間を過ごすことができました。ありがとうございました。

教室での最後の授業　5−(−3)=5+3となるのはなぜか

明日の子どもの笑顔のために、
今、目の前の子どもに徹底的に寄り添う！

――この子どもたちと出会えてよかった。
　田中博史先生と出会えてよかった。
　そう思う授業が、ここにある。

福島県　小松信哉

　田中先生の授業はいつも、子どもが生き、田中先生自身も生きる、活気と笑顔と、本気の思考が包み込む空間が生み出される。単元名は「中学校へのかけ橋（負の数を題材にして）」。そう、彼らは、もうすぐ、田中先生の元から巣立っていく。
　（＋5）−（−3）＝＋5＋3となるのはなぜ？
　田中先生が、子どもの前に問いを置いた。この問いは、数日前に、子どもの中に生まれていたものである。田中先生は、まず、ひき算の場面を子どもたちに想起させた。「差」「残り」というキーワードが出てくる。
　「差」を話題にして授業が進む中、子どもたちの豊かなイメージが次々と表出されてくる。ある子が、「差」を二つの数がどれだけ「離れているか」と言い換えた。その瞬間、「なるほど、距離ということね」とさりげなく整理する田中先生。実に自然！　うまい！
　「残り」が話題になると、またまた子どもたちの豊かな思考が顔を出す。
　「−3から−3をとる場合」を例として説明が始まる。単純化する、特殊化するといった数学的な考え方が自然と表出される。すごい子どもたち！　育っている！
　「（−3）−（−3）＝0だから、−3＋3と同じということ。だから、この式変形をもとにすれば、（＋5）−（−3）＝＋5＋3」やっぱりすごい。"Aの考え方から、自ずとBの考え方が導き出される"子どもたちの数学的に考える力の成長は、我々大人の想像を超える。（田中先生に育てられた子どもたちなら当たり前かな…と、心の中で微笑む自分）
　授業の最後は、きりっとした男の子の、実にユニークな発想でまとめられた。
　「田中先生、（＋5）だから、5歩進んで。−（引く）だから、向きを変えて。（−3）だから、そのまま3歩バックして。ほら、8になった！」子どもの指示どおりにニコニコしながら動く田中先生。子どもたち、そして、参観していた先生方からも「お～。すごい」の合唱。なんて感動的な授業のエンディングだろう。（子どもの心に寄り添い、子どもと対話をしながら授業を進めていけば、神様は必ず素敵なシーンをプレゼントしてくれる。と思った瞬間だった）素敵な田中学級の子どもたちに感謝！
　授業前、子どもたちは、トランプを使って、「正負の数ゲーム」を行っていた。男女混合チームで、和気藹々とゲームを楽しんでいる子どもたち。6年生である。
　彼らはずっと笑顔で自然体であった。実は、このこと自体、私は、すごいことだと思っている。普段の田中先生の学級経営のすばらしさの賜。
　この田中学級の子どもたちはきっと、中学校、そしてこれから先の人生の中で、田中先生と過ごしたかけがえのない時間を、勇気と自信、力に代えて生きていくことだろう。
　がんばれ、田中学級の子どもたち。そして、田中先生と出会えてよかったね。私も、田中先生と出会って、自分の算数授業観を見つめ直した一人です。みんなの仲間です。

授業参観記 ── 教室での最後の授業　5－（－3）＝5＋3となるのはなぜか

数学へのかけ橋
～田中学級の集大成～

宮崎県　桑原麻里

　図書館で手にした一冊の本。「この先生の授業が見てみたい！」筑波に行くきっかけとなったその本は、田中博史先生著の『算数的表現力を育てる授業』。あれから3年が経った。
　2月13日、田中学級最後の公開授業。講堂での授業は何度も拝見しているが、教室では初めて。教室での授業らしく、とても和やかな雰囲気。授業前に、トランプを持った子どもたちがグループを作り始めた。「先生たち、あと30分以上立ったままも大変でしょうから…」との田中先生の声で、子どもが自分たちで考えたトランプゲームに参加させていただいた。グループごとに、ルールが違うという。共通しているのは、黒のカードの数を正の得点、赤のカードの数を負の得点とするところのみ。私が参加したグループは、まず5枚ずつ持ち札が配られ、真ん中に置かれた山（カード）から1枚を引く。そのカードと同じ得点数になるように自分の持ち札から数枚出す。1回につき1枚だけ友達のカードをもらってもよいという。しかし、持ち札が先になくなったほうが勝ちなので、そこは考えどころ。数への感覚が豊かな田中学級の子どもたちの姿にひとしきり感心した。このようなゲームを通して、負の数の概念を獲得していき、数の世界を拡張していく。その数の感覚の豊かさは、その後の授業でも存分に発揮してくれていた。
　教科書「中学校へのかけ橋」には、
　（正の項）＋（正の項）、（負の項）＋（正の項）、（正の項）＋（負の項）の3種類のみの掲載。
　しかし、田中先生が授業されたのは、（正の項）－（負の項）である。これは、1週間前に子どもたちの疑問からでた問いであった。我々は、「－3を引く」ことは「＋3を加える」ことと同じことは知っている。しかし、その概念をどのように獲得したのか、全く記憶にない。先行知識として形式を知っている子どもたちに、あえて「なぜ（＋5）－（－3）は、＋5＋3となるのか」という子どもの問いをもとに授業を構成した田中先生のすごさ。その時点では、どの表現が適当なのか私自身も迷っていた。「カードゲームで引き算の場面はあった？」その問いに子どもたちは、＋5と－3の差で説明していく。それで十分だと思った。実際に数学の教科書にも、（＋2）－（－3）の場合、＋2は－3から正の向きへ5動いた位置にあるから＋5とあった。でも田中先生の問いは続く。「差（求差）ではできるけど、残り（求残）では説明できないね」V字を書いて説明する子もいた。「別の説明ができる！」「もっとわかりやすく言える！」この時点で、もうどの表現が適当なのか私自身わからなくなっていた。「向きで考えればわかるよ。－を北、＋を南と考えれば、まず南へ5歩進むでしょ」向きを北にくるりと変え、バックで3歩後ずさり…。これには参観者もうなった。これこそが田中学級の3年間の集大成。この説明を超える表現を私はまだ見つけられていない。

\自らの成長を振り返る/
４部６年 田中学級の子どもたちの声

六年間での私の成長　　　　伊藤妃奈乃

　私は昔一年生の時、引っ込み思案だったため授業中に答えが分かっていたとしても『まちがっていたらどうしよう』などの失敗をおそれていたために手を挙げて発言する事ができなかった。

　しかし、五年生の時に転機がおとずれた。私はずっと手を挙げられずにいると、となりの男の子が「分からないから教えて」と言ってきたので教えると「分かってるなら、手を挙げれば」と言われたので勇気をふりしぼって手を挙げると先生が指してくれたのでふるえる声をのどの奥からしぼり出して説明すると、先生が「緊張したようですがしっかりと説明できましたね」とほめて下さったので少し自信を持つことが少しずつ増えてきて発言回数も増えてくることができるようになりました。だから私は一年生の時に比べるとものすごく発言できるようになりました。そして一番成長した所は失敗をおそれなくなることができるようになり、自分に自信を持てました。

４部６年の算数　　　　谷口麻由子

　この４部６年では毎日、色々な算数の問題について話し合われている。でもその話し合いは、一言で表せない程奥深い。

　まず一人一人の意見があり、全ての考え方が分かるまで何回もの説明をくり返す。そんな数々の意見は自分と違う視点で問題をとらえていて面白いものばかりだ。

　もう一つ４部６年の話し合いには面白いものがある。それは、説明できる人の周りにまだ分からない人が行って、説明してもらうこと。また、説明している人が途中で分からなくなってしまったら聞いている友達が少しアドバイスをする。そうすることで１回で様々な説明を聞くことができるのだ。

　こうしてやっと解けた問題は、ノートにしっかりと書いておく。だから私のノートを開けばどんな話し合いをして、どんな答えがでたのか分かるのだ。

　これからも様々な問題を、友達と一緒に解いていきたい。

大きく変わった自分　　　　中村颯吾

　１〜３年生の時は、学校があまり好きではなかった。３年の時は４年になってもどうせ変わらないだろうと心の中で思っていた。しかし大きな間違いだった。このクラスにはたくさんの笑いがあり、たくさんの楽しみがある。たまにケンカもするがそのケンカ一つ一つがまた、厚い友情へと変わっていった。そのうちだんだん学校が楽しくなっていき、今では学校に居る時間が一番楽しくて土日はさびしくなる時がある程だ。この点も大きく変わったのだが、その仲間たちによって自分自身の勉強に対する意識が変わったのだと思う。勉強はやらされる物ではなく、やる物だということを気付かされてくれた。友達と帰りに勉強の話題になるといつもなぜこんなに計画を立てて上手くいくんだろうと思う。このクラスになってから、自分自身の学校や勉強に対する気持ちが、仲間たちのおかげで大きく変わった。残り２ヶ月程大きく変わった自分を見せられたら良い。

個々の成長、クラスの成長　　　　伊波川彩名

　私が思うに、この４部６年というクラスは、絶妙なバランスを保たれているからこそ、今の卒業してしまうのが悲しくなってしまう程の良いクラスが成立している。

　クラスには３つのタイプがあって、１つ目は自分の意見をはっきり言えるけどたまに暴走してしまう子、２つ目は人を注意して皆をなだめられるけど表立った発言はあまり出来ない子、３つ目は意見も言えるし、なだめられるけど口調が少しキツい子達の３つです。

　この３つのグループは、１つ目のタイプの子達が発言をし、そこに３つ目のグループが加勢して熱くなりすぎたら２、３グループ目の子達が押さえて…というように、とても良いコンビネーションが見られる。しかも、今までは１、２グループのように偏った１面だった事達が３グループ目の方に移っている事を感じる。そのような面でも、４部６年は、絶えず成長している事が分かる。

田中博史 創作劇に取り組む

1 劇中劇の未来編に挑戦

　本校は三年間の担任持ち上がり制をしている。だから今の子どもたちとは四年生からの付き合いになる。

　この三年間の間に全校の児童の前で劇を披露するチャンスが一度ある。

　いや言い換えるとたった一度である。だからいつも劇の指導には各担任熱が入る。

　私はクラスを持つたびに劇中劇に挑戦してきた。子どもたちが自分の成長を見つめ直すという意味もある。クラスで起きた様々なトラブルなどを劇に仕立て、配役をわざと逆にしたりして意地悪な台詞を言われる時の心について感じとらせることなどをわざと仕組んできた。

　つまり毎回、田中博史の自作の台本である。

　私がこれまで書き上げた劇の台本は全部で8本ある。

　そのうち単行本などに掲載されているのが4本ある。

　今回は、これまでと趣向を変えて未来の自分たちに思いを馳せることを目的とした劇にしてみた。

　五年生の子どもたちに六年生の自分たちを想起させる仕掛けにしてある。

　なぜ六年生か…。

　これを説明するにはまず本校の学校行事を紹介していく必要がある。

2 本校の特色ある学校行事

その1 三年生から毎年行われる三泊四日のクラス合宿

　私がこの学校に来てもっとも大好きな時間がこの四日間である。

　何しろ手塩にかけて育てたかわいい自分のクラスの子どもたちだけで過ごせる夢の四日間である。

　四日間の予定はすべて子どもたちと話し合って決めるからクラスによって行っているイベントは登山を除くとすべて異なっている。

　だから面白い。

　ところでこの登山だが六年生では八ヶ岳の標高2700m級の山に登る。

　今年の私のクラスは硫黄岳に挑戦した。初日は山頂近くの山小屋まで行き、翌日山頂アタックをするという行程である。

　大人の私がギブアップ寸前だったが、身軽な子どもたちはぐんぐんと登っていった。

　参った。

映画づくり　　　　　　　　　迫田昴大

　今年の清里の班でのテーマ、それは「映画づくり」だった。その理由、それは私自身前にあった鎌倉での２度目の映画づくりで私が台本、計画、全てを受け持ったが、動画大賞では１位を逃してしまったからだ。
　だから、今回の動画作りではリベンジを果たそうとしているのです。
　今回私は本気モードで行き、とった素材をコンピューターに入れ、ソフトでこん身の編集をしました。
　そして完成品を見せる日…
　給食の時間、みんなが注目する中…
　結果は大うけだった。周りも大わらいしてくれて少しはずかしかったがものすごくうれしかった。
　動画が終わって友達が僕に「すごく面白かったよ」とか「迫田にも特技あったんだね」とか言われてすごくうれしかった。
　でも僕って本当にこれしか特技ないのかな～
（笑）

思い出の清里　　　　　　　　畑川健勝

　そびえ立つ山々、木々の木もれ陽が僕たちを照らす。そう、今僕たちは清里に来ている。今年登る山は去年登った山とけた違いに高い2760mだ。僕たちはそれに２日かけて登る。
　登山１日目、簡単な昼食を済ませてすぐに登り始めた。最初の20分はゆるやかな登坂。簡単そうに聞こえるがこれがかなりきつい。じわじわと体力をけずられて諦めかけたが、それ以上に登る力が強く休憩地点までたどり着けた。
　その後１日目の宿泊。山びこ荘に泊まった。不便だったがとても楽しかった。
　登山２日目、頂上に向かって一気にアタックをした。最初はスイスイ進んだが、最後の方はパンパンになったふくらはぎが痛み始めてとてもきつかった。でも何が何でも登りたかった。するとやっと頂上が見えてきた。その後はスイスイ登ってあっという間に頂上に着いた。僕は頂上でこうさけんだ。
「やったーっ！」

レインコートの思い　　　　　岩﨑栞乃

　荒い息が聞こえる。この息はもうすぐ解放した声に変わるだろう。
　今は頂上の少し前の最もきつい場所だった。ガスがかかり、視界が悪い中、頂上に向かって歩きだした。
　出発する前は、雨が降っておりレインコートを着て登っていった。その時私は一番後ろに居たため、みんなの姿が見えて安心した。いつもは見られないレインコート姿の集団が見える。色とりどりあって、きれいだなあと思う。この色とりどりの集団は私にとって道に見えた。みんなが支えてくれている、そう思うと何だか力がわいてきた。
　下山の時もそうだった。どんなに疲れていてもこれを見れば大丈夫だった。
　最後の清里だからこそ、このように思えるのかもしれないが、これはみんなの絆が深まったからだと思う。
　レインコートも考えれば、みんなの思いが伝わってくるのだ。他にはどんな物があるかなあ？

その２　試練を乗り越える学年合宿

　五年生　スキー合宿
　六年生　富浦での遠泳合宿
　六年生　京都・奈良・大阪への修学旅行

　いずれも三泊四日で、五年生では、志賀高原でスキー合宿を行う。最終日には正式な検定も受ける本格的なもの。まったくの初心者の子どもが四日目にはきれいなフォームで滑って降りてくるから子どもの能力はすごい。
　六年生では、千葉県富浦の海岸で湾から外に出ていく遠泳を行う。約２km を泳ぐ。附属中学校でも同様の遠泳をしているがこちらは４km と距離は倍になる。本校の子どもたちはこの遠泳に向けて一年生から体育の時間

田中博史　創作劇に取り組む

だけではなく、夏休みにも水泳学校を行って取り組んでいる。

　指導してくれるのは本校の卒業生。遠泳の時に一緒に泳いでくれるのも卒業生だ。附属の縦のつながりは強い。

　さらに六年生では修学旅行もある。

　そもそも「修学」のための旅行は本校が行っているこの卒業前に行く行事だった。その意味では原点に戻った行事である。

　京都や奈良では座禅体験をしたり、自由行動で西陣織などを体験したりと子どもたちのグループ活動での自由度はかなり大きい。

　これは日々、東京の地下鉄を乗り継いで登校している本校の子どもならではの基礎的な体験があるからできることであり、慣れていない子どもたちでは無理だろう。

　今年は四泊五日の行程を組み、最終日は京都大学の留学生と交流しながら一日英語だけで京都を巡る旅に出た。中学生なみのプログラムである。

富浦遠泳　　　　　　　　今泉賢人

　富浦合宿は、ぼくにとってゆううつであるものであった。それほど泳ぎがうまくない上に、体力がないからだ。恐怖にたえるのみだった。

　天気は晴れ、すばらしい天気だった。まるで神さまが、むかえてくれたようだった。この日まで、一刻一刻が緊張して、とてもはやくかんじられた。ぼくは、1回目だったので、1回目の隊列で泳いだ。とても海水がつめたかった。しかし、もうちょっと、もうちょっととおもいがんばった。途中の妨害があったが、みんなつらいおもいをしているとおもい、うけとめた。途中の「愛洋ー！」は最高だった。氷砂糖もおいしかった。泳いだあとは足で歩けないほどつかれていた。泳ぎがうまくなく、体力がそんなにないぼくは、とても達成感というものをかんじた。

　富浦の海、ありがとう。

海面（みなも）にゆれる白帽子　　　　松田雄大

　僕はこの筑波小にいて一度も水泳学校でCクラス以上に行ったことがない。僕に体力と技術が欠けていたからだ。僕が2年生のころ、白帽が輝いている6年生を見て、いつか自分も白帽になる！と夢見ていた。そして6年生になり富浦遠泳が近づき模擬練習を行うようになった。そしてついに検定の日が来た。あいにく白帽にはなれなかったが富浦遠泳でチャンスはあった。富浦が楽しみで仕方無い。

　そして富浦の寮についた。練習では波が高く岸に流されることばかりだった。そして白帽になるかどうかの検定の日到来。僕はそこで初めて白帽というものを手にした。その日から絶好調で、ついに遠泳の日をむかえる。

　遠泳の日、順番に海へと入る。僕の番だ。冷たい海水につかり泳ぐ。泳ぐ。みんなが沖に出た。海面に映る白帽子の隊列は大量の恐竜が移動しているかのようだった。そしてみんな完泳し、それぞれが仲間と喜んでいた。夢も叶い、良い経験ができた富浦遠泳だった。

海は友達　　　　　　　　山中文登

　ぼくは、海で泳ぐのは初めてだった。つま先で海水に触れたら、プールの水より冷たくて、体がぶるっとふるえた。ここで二キロ泳ぐのか。本当に泳ぎきれるのだろうか。

　しかし、長く水につかっていると、水の冷たさにも慣れて、二日めは、途中から水を冷たいと感じなくなった。波も一日めと違っておだやかだった。そして、明日の遠泳が四十分くらいなら泳げそうだという気持ちになった。ぼくの中で不安が自信に変わった。

　遠泳当日。泳いでいたら急に列がつまって、自分のリズムがくるってしまった。少し前に進んでも後ろに下げられてしまうので、体力だけがうばわれていく。立ち泳ぎをやめたら、体が少しずつしずんでいった。その時、前方の列が少しずつ曲がっているのが見えた。半分が過ぎたのだ。

　浜に着いて起き上がってみると、体がずっしり重かった。そうだ、ぼくは今まで海に助けられて泳いでいたんだ。海は、味方だった。

\ 筑波小の先生が見た /
田中学級の子どもたち

学校行事と子どもの育ち

一番平坦な山

体育科
平川　譲

　6月5日（木）遠泳2往復、足着き最高17回（筆者授業記録から）。絶望的な数字である。7月の末には足の着かない海の中を50分間泳ぎ通そうという子が、100m弱（壁を蹴らないUターンで2往復なので"弱"）を泳ぐのに17回床に足を着いている。ほとんどの子は足を着くことなく泳げるのだが、17回を筆頭に幾人かの子が辛そうだ。

　全員がクロール、平泳ぎで最低25m泳げるはず。どう考えても17回はおかしい。「遠泳の練習」という意識が緊張感を大きくして息苦しさを感じてしまったのかもしれない。

　隊列を整えるための"顔上げ"で泳げるといいのだが、まずは足を着かないこと、伸びをとって浮き身の姿勢がとれることが大事なので、顔は水につけてもいいと指導した。

　その後、4分、6分、8分と泳ぐ時間と距離を伸ばしながら練習を続けた。次第にUターンで足を着かずに泳ぐことにも慣れ、隊列を整えることも意識できるようになってきた。足着きも0～2回程度のレベルに納まりつつある。ただし、隊列の速度から遅れる子は、教師が手を持って引っぱったり、Uターンをショートカットさせたりすることは7月まで続いた。

　水泳学校を経ての富浦遠泳合宿。

　ツクバ3つの山と言われている中で、体力的にはおそらく一番平坦な山。しかしそれは"終わってみれば"の話。なにしろ足の着かない海を泳ぎ続ける山。できなければ死んじゃうかもしれないのだ。

　授業、水泳学校、コーチ、桐游倶楽部、その山を登るための手助けはいくつかあるが、一番の手助けは、"仲間の力"である。泳力充分の水泳選手の子だって、一人であんな沖までは泳いでいけない。足が着かない、底が見えない恐怖、急に水温が変わる海水、そんな中、一人ではとても泳ぎ続けられない。クラスの仲間、学年の仲間がいてこそ、自分の泳力を発揮することができるのだ。

　筆者も遠泳隊列の最後尾に加わった。上下動の大きい不安そうな後ろ姿も、仲間に前後を挟まれ、富浦沖に大きな弧を描いて浜まで戻ってくる。

　田中先生が待つ浜に上がるときには「あれ、思ってたよりラク」という思いに変わっている子が多くなっているはずだ。でも、仲間がいなかったら泳げていないということも覚えていてほしい。

田中博史　創作劇に取り組む

その3　古きよき時代の運動会

　本校の運動会は日本の運動会の原点とも言われる。昔のままの種目がずっと行われている。ともかくどのようにして勝つか、それが第一の目的となっている運動会であり、クラスの団結は強い。

　玉入れ（一年）や大玉ころがし（二年）のように本来は偶然性を楽しむはずの競技をしつこく練習し見事な技術に仕上げていく。

　二人三脚（三年）や三人四脚（五年）では、一人で走っているのと変わらないスピードで駆け抜けていくのでこれを初めて見た人はびっくりする。

　この中に得点競技ではない種目としてダンスや組み立て体操がある。

　ダンスは揃うことよりもともかく楽しく踊ることを第一としているので、彼らはお昼休みも音楽がかかると他の学年のダンスを運動場で大勢で踊っている。その光景は圧巻である。

　組み立て体操はかなり高度な技に全員が取り組む。中でも「帆掛け舟」という演目は友達の上で逆立ちすると言うもので、子どもたちにとっては大きな課題となっている。

クラス全員の成功　　　北川優作

　「ピーピッピッピッ」体育の先生の合図でみんなの足が上がった。この帆掛け舟のために6月から練習してきた。この競技は相手を信頼し、体重をゆだねなくてはならない。5年生の時の劇のための練習の帆掛け舟の時、僕はジャンプする時の力を上手く加減することができず、一周してしまうことが多かった。

　その時、10秒止まることができていた人は約10人。僕はどうして止まれるのかが不思議だった。そして6月下旬。最初の頃はできないままだったが、ある時足がすべってジャンプ力が少し減ったら、上に乗り止まることができた。そして、ペアの中野くんを前よりも信頼し、体重をかけたら、確実に止まれるようになった。そして、運動会本番。一発で成功できるかとても不安だった。劇の練習の時から、合計3～4ヶ月も練習を頑張った帆掛け舟の集大成。39人全員の気持ちがそろい、全員が10秒間立ち続ける事ができた。4部6年全員の気持ちが一つになった瞬間だった。

笑顔　　　古屋星奈

　2014年9月27日、土曜日。筑波大学附属小学校の大運動会が開かれた。筑波小の運動会は、私たち6年生にとって、最後の運動会だ。今年も勝ちたい。その気持ち一心で、本番までがんばってきた。そして、とうとうその日がやって来たのだ。

　私が、一番緊張した競技は、「3つの山」とも言われている、組み立て運動の帆掛け舟だ。

　私は、腹筋がないため、全くできなかった。しかし、下で私の体を支えてくれている友達は、いつでも、笑顔だった。本番のように練習をすると言われた時は、真剣な顔をして、帆掛け舟に挑んでいた。私は、その友達の切り替えの早さに驚き、勇気付けてもくれた。その御蔭で本番も成功することができた。

　しかし、赤対白の総合得点は、白の勝ちで負けだった。くやしかった。みんな、たくさん泣き、悔しがり、励ましあった。しかし、少ししたら、みんな笑顔だった。

　努力は無駄にならないことを知った。

筑波小の先生が見た
田中学級の子どもたち

学校行事と子どもの育ち

帆掛け船の意義

体育科
眞榮里耕太

　帆掛け船とは、本校運動会の組み立て運動の一つで、2人組で行う運動である。1人が仰向けになって土台をつくり、もう1人がその上で逆立ちをする。

　一見すると「それぐらいできるのでは？」と思う方もいる。

　確かに、体が大きい子の土台の上で体の小さい子が逆立ちをすれば、成功させることは容易である。

　しかし、本校では体の大きさ、男女を問わず全員が帆掛け船の土台と逆立ちのどちらも行わなければならない。

　多くの方に知られているように、本校の運動会はとことん勝負にこだわっている。競技種目では、相手チームよりも少しでも早くゴールすることを学級全体で目指している。しかし、ことのほか6年生の組み立て運動については話しが別である。6年生全体がチームとなって全員成功を目指している。

　組み立て運動で取り組むのは、2人組で行う「サボテン」と「帆掛け船」、10人組で行う「4段ピラミッド」の3つである。数は少ないが、帆掛け船の難易度が高い。

　そのため、この練習に多くの時間を費やすことになる。したがって、他の学年に比べて競技の練習時間は少なくなってしまう。そこまでして、どのクラスのどのペアも全員成功をめざして夏休み明けの9月の1ヶ月間は練習に取り組んでいる。かなり厳しい練習であるが、本番での成功のためにひとりひとりが歯を食いしばってがんばっている。

　しかし、突然これらの運動に取り組むわけではない。低学年のうちから体育授業の中で系統的に逆さになる経験を積み、基礎感覚を身につけてきた。

　低学年でよじ登り逆立ち、頭つき逆立ち、壁逆立ち。中学年で側方倒立回転、逆立ちブリッジ。高学年で、ハンドスプリング、はねとびと系統的に取り組んでいる。その集大成としてこの組み立て運動がある。

　田中学級では、そんな帆掛け船を5年生の劇の中で挑戦することになった。時期的にも時間的にも厳しいものがあったが、田中先生の「成功した子が本番の舞台の上で行うことができる」とおっしゃっていたので、この言葉に触発されて子どもたちは本気になって練習に取り組んでいた。

　運動会の「成功させなければいけない」というプレッシャーのとはちがって、「成功させたい」という動機づけもあり多くの子が成功させることができていた。

　子どもたちの成功させたいという意欲は、運動会以上だったのかもしれない。

田中博史　創作劇に取り組む

以上、いろいろな行事の特徴を述べたがここでは宿泊を伴う行事のことと、運動会のことについてだけ紹介した。

ここで述べた中に

1　登山
2　遠泳
3　組み立て体操　帆掛け舟

の3つがある。これが本校の子どもたちにとって卒業までに乗り越えなければならない3つの挑戦である。

3　これから挑む帆掛け舟に取り組む自分たちを想定した劇に挑戦

前置きが長くなったが、こうした行事の中で取り組む話題を劇の中にたっぷりと取り入れた未来の自分たちを演じる劇に取り組んだのである。

台本とともに構成を後ろに添えるので見ていただきたいが、この劇は本校の2014年1月創立記念式典で演じた後で、その子どもたちの演技力の高さが認められて、同年の2月の算数の全国大会での児童発表でも、さらには6月の本校の初等教育研究発表会でも披露している。当日は実はちょっとしたアクシデントがあり、音楽機材がすべて使えなくなるというトラブルがあったのだが、見事に子どもたちはその場でスピーチをしたり、アドリブで劇を続けたりして参観した先生たちから大きな拍手をいただいた。

たくさんの先生方から
◆全員が劇団の子どもたちに見えた。
◆なぜ咄嗟にあんなに話ができるの。びっくりです。大人でも緊張するのに。
◆この劇の台本が欲しい。
◆この劇のビデオが欲しい。ぜひ自分の学校の先生や子どもたちに見せたい。
とオファーが殺到した。

さらには、劇の指導についてどのようにしているのかという質問もたくさん届いた。

たくさんの大人を感動させたこの子どもたち、本当にたいしたものである。

4　田中流劇の指導

劇づくりについていくつか質問があった。

Q　なぜ子どもたちの演技があんなに自然体なのか

これは、簡単である。もともとある台本のセリフを子どもたちに、自分が言いやすいように自由に変えていいと言ってあるからだ。

さらに場面の中で、普通に会話として存在してもいいなと思う言葉は自由に付け加えていいことになっている。だから子どもによっては思いついた台詞でどんどん役が増えていくこともある。もちろんあまりにも自由に増やすと節度がないので、こちらで調整はするが、子どもたちが付け加えた台詞は本当にこどもらしくていいものが多い。

Q　なぜ全員があんなに声が出せるのか

これも簡単である。

通常の劇の練習を見ることがあるが個人の

活動頻度がとても少ない。

いつも台本通りに進めていくと子ども一人ひとりの発言回数は本当に少ないのである。

だから私は一斉に台詞を言わせたり、3,4人のグループで互いの台詞を聞き合ったり、またシーンごとの練習を同時に展開したりと、ともかく個人の活動頻度を増やすようにしている。同時に台詞練習をすると会場はとてもにぎやかになり大きな声を出さないと聞こえないため事前に声も大きくなる。

また比較的練習量の少ない段階ですぐにシーンごとの中間発表会を行う。すると友達の中に演技のすごい子がいるとその子に触発されて他の子どもたちも変身していく。

これらのすべては実は算数の授業づくりで配慮することと全く同じだと思っている。

パズルのような4部6年　　貞広まゆ

私達、4部6年のスローガンは「輝跡」だ。「輝跡」とは輝いた跡を残すという意味である。この言葉通り4部6年は様々な輝いた跡を残してきた。清里合宿、富浦遠泳、劇、等々…。でもその中には沢山の苦労があった。その度に皆ではげましあって協力して助けあってきた。清里登山では疲れてくじけそうになると仲間達の「頑張れー‼　絶対登るぞー‼」という声が聞こえてくる。富浦遠泳では皆で声をかけ合って練習を続けたから完泳できた。劇では、それぞれの場面ごとにアドバイスをし合ってより良い劇にすることができた。

このように一致団結して何事も乗りこえる4部6年が好きだ。リーダーシップを発揮できる子、場を盛りあげる子、真面目な子、…4部6年は、一人かけてしまったらパズルのように完成しない。ピースが全部そろうからこそ素敵な4部6年ができるのだ。卒業して、はなればなれになっても協力することを忘れないでほしい。

4部6年の輝跡　　姫野由衣

私は、この4部6年というクラスの中で、沢山の輝跡を見てきた。

この3年間、クラスのみんなと様々な目標に取り組み、団結して作り上げてきた。一人一人が真剣に話し合い、意見をぶつけ合う。そうして、何もなかった所からどんどん考えを積み上げてきたのだ。

劇の練習の時、「どうすればもっと観客に演技が伝わるのか」をみんなで話し合った。みんなで良い劇を作り上げていく過程がとても楽しかった。沢山の鳴りやまない拍手を聞きながら、そう考えていた。

このクラスで過ごす時間も残り少なくなってきた。一つ一つ真剣に話し合っていく時間があったからこそ、今の私があるのだと思う。このクラスで起こしてきた輝跡の数々は、全て素晴らしい私の宝物だ。

私は、こんなに一つのことに団結できるクラスに巡り会えて良かったと思っている。積み上げてきた輝跡を夢につなげていきたい。

劇　　木野麗実

1月中旬にある創立記念式典で私達四部は劇をする事になった。四部で初めて行う劇であった為、みんなの演技力の見当さえつかなかった。まさか、こんなにレベルの高い劇になるとは誰も思っていなかった。正直、私は劇をする事が嫌だった。練習は面倒だし、全校生徒の前で演技をするなんて失敗した時の事を考えたらとんでもない、そんな思いだった。練習は各幕ごとの読み合わせから始まり、本格的な舞台練習へと進んでいった。みんなの演技力に驚くばかりであったが、役になりきって懸命に演じる仲間の姿を見ていると段々と演じる事への抵抗がなくなってきた。一方、劇の練習として、帆掛け舟や歌の練習も平行して行った。朝活、居残り、授業…様々な時間を利用して劇の練習をした。

遂に本番。舞台裏で準備をしていると、先生の声がスピーカーを通して聞こえてきた。

「次は四部六年の劇、タイムスリップ～帆掛け舟への挑戦～です。」

\ 筑波小の先生が見た /
田中学級の子どもたち

『友』 4部との関わりに感謝

音楽科 平野次郎

出会いはバスの中

4部との出会いは5年生の時の清里合宿。音楽の授業は中島先生が担当しているので、初めて出会う子が多い。田中先生から「清里合宿中に『友』の指導をしてほしい」という依頼があったので、鍵盤ハーモニカとキーボードを持参して若桐寮に向かった。

行きのバスの中で一度聴かせてもらったが、「これは大丈夫だ」と感じた。それは、一人ひとりが『友』を歌いたいという想いをもっていたからだ。そして、何より歌っている雰囲気がよかった。これで第1段階はクリアである。

ただ、音楽的なことで気になったのは、地声でやや怒鳴りながら歌っていたことであった。その原因の1つとして考えるのは、キーが低いことだ（清里合宿の時点ではト長調）。ゆずの曲はメロディーの高低差があり、キーを上げると高音が出しにくくなり、キーを下げるとAメロなどの低い音が難しくなる。田中先生と相談してキーを上げることにしたのだが、合宿に持参した機材の中でどうやって上げたらいいのかと悩んでいた。iPadで使えるアプリをいくつか調べ、評判などもチェックして、『Anytune Pro』というアプリを使うことにした（このアプリは優れ物で、その後の毎時間の授業で愛用している。これは4部のおかげである）キーを上げたバージョンで歌ってみると、サビの高音の部分が響くようになった。子どもたちの様子を見ていても、こちらのほうが歌いやすいようだ。合宿の大舞台である「キャンプファイアー」に向けて休憩時間や空いた時間に少しずつ練習を重ねた。

大自然の中で歌う『友』、そして…

本番前、4部を担当した"ガメラコーチ"と機材をセッティングする。

こんな大自然の中、そして人の目を気にせずに演奏できる機会は少ない。ガメラコーチとの清里合宿は今回で5回目。一緒に曲づくりをしたり、レコーディングをしたりという間柄。2人の生演奏をバックに4部の歌声が清里の山に響いた。子どもたちの満足そうな表情を見て、「よし、この勢いを保護者の前でも」という考えが生まれた。

学校に戻り中央ホールで『友』を歌い始めた。が、勢いがない。「4部どうした」と心の中で思いながらも、親の前での緊張や疲労があったのだろう。焦ることはないし、最終

学校行事と子どもの育ち

本番は劇の発表である。逆に考えれば、ここからまたステップアップしていけばいいのだと気持ちを切り替えた。

ハモリに挑戦

ゆずは2人組のグループなので、ほとんどの曲でハモリが入っている。この『友』もハモリがあるのだが、やや音程が難しいので、4部バージョンに書きかえることにした。確か初めて音取りをしたのが第2音楽室だったと思うが、たった30分でハモリパートを覚えてしまったのを記憶している。やはりハモれると気持ちがいいし、曲の表情も変わって少し豪華になる。ハモリができたら、私の役割は終わりである。劇の発表が終われば、4部の子どもたちとの関わりもなくなってしまう。少し寂しい気持ちになりながらも成功を願った。(劇での発表は大成功。ハモリもバッチリ)

これも作戦のひとつ？

平成26年6月の研究発表会での児童発表。「あれ？　音楽が流れない」。講堂の後ろで4部の発表を見ていた私は、機械近くに駆け寄った。いろいろと手を尽くすが状態はよくならない。それを横目に、ステージ上では渾身の演技が続く。時に効果音や音楽が流れなくても、何事もなかったかのように話は展開されていく。「確か劇の最後は『友』の合唱が…」と考えながら機械との格闘は続いた。

とうとう劇の終盤に差し掛かり、『友』を歌う場面に。練習用のCDを用意する手もあったが、音楽室へ譜面を取りに走った（廊下は走ってはいけませんが…）4部と共に過ごした清里合宿から間が空いていたので、「いきなり伴奏を弾けるだろうか」と不安になったが、とにかくピアノの椅子に座った。「もしやこれも先生の作戦？」と思いながら田中先生に目を向けるが、今までに見たことのないような必死な姿がそこにあったので、「やっぱりトラブルなんだ」と認識した。さすがにこんな作戦は体に悪い。

私はとにかく「4部の発表を成功させなければ」という想いでいた。そして、ピアノを弾き始めるも何か様子がおかしいことに気づいた。この『友』という原曲のキー（調性）はG（ト長調）、小学生が歌うには音域的に厳しいので4部バージョンはB♭（変ロ長調）に移調していた。そのことを忘れていた私は、原曲のままのキーで伴奏を始めた。子どもたちの中には気づいている子もいたが、演奏を途中で止めるわけもいかずそのまま続けてしまった。せっかく練習してきたハモリの部分もキーが低いので響かなかった。

劇が終わってから、「あの場面はもう劇が止まっているんだから、子どもたちと『キーの確認をするよ～』と言ってから演奏を始めてもよかったね」と田中先生からのアドバイス。ピアノを弾くことで精一杯だったが、また関われたことが何より嬉しかった。

4部の子どもたちはとにかく明るい。そしてよく声をかけてくれる。

先日行われた『送る子ども会』での表現も見事であった。4部のみなさん、再び会えるその時まで。

劇の観覧記 — 田中博史 創作劇に取り組む

大きな感動をありがとう！

東京都　永田美奈子

　６月14日、今日は、田中先生が手塩にかけて育てた子どもたちの劇の発表の日だった。13年前、私が、研修生としてお世話になった時、田中学級の５年生の子どもたちの劇づくりの過程を見せていただいたことがあった。その時の子どもたちは、先生がほとんど指導しなくても、自分たちでどんどん演技を考えていた。当時は、その子どもたちの力の素晴らしさに感動したものだった。だから、今回の子どもたちも素晴らしいに違いないと期待して、観に行った。

　劇が始まった。さすが田中学級の子どもたちだった。役になりきって、堂々と演技する表現力は、見事だった。

　ところが、おや？　どうもおかしい。音楽が流れてこないようだ。田中先生も少し慌てているようだったが、子どもたちは、それに関係なく演技を続ける。子どもたちの何事にも動じない行動力にも驚かされた。

　だが、なかなか音楽が復旧しない。その時、田中先生が会場と子どもたちに話した。「音楽がかからないようです。今、対策をしているから、誰か１分間スピーチをしていなさい」

　すると、何人もの子どもたちがパッと手を挙げた。「ぼくたち、こんなこと平気なんです」「こんなことよくあることです」

　この状況で、大勢の前で堂々と１分間スピーチをする子どもたち。そして、この状況を平気だと言い切る子どもたち。

　一方で子どもたちのために走り回る田中先生。子どもたちにも田中先生の必死さが伝わったに違いない。

　子どもたちのたくましさ、いやそんななまやさしい言葉ではない、生きる力そのもの、そして、田中先生との信頼関係、全てがよく見えた瞬間だった。子どもたちの頑張り、田中先生の頑張りに目頭が熱くなった。

　結局、歌もテープではなく、音楽の先生の生伴奏で歌った。いつもとは違うキーだったのだろう。子どもたちは、少し歌いにくそうだったが、最後まで歌い終えた。会場からは、惜しみない拍手が起こった。私の周りには、泣いている先生がたくさんいらっしゃった。

　階段で一人の男の子がつぶやいていた。「あ～、本当は、もっと上手なんだけどな」

　私は、心の中で叫んだ。「大丈夫！　私たちは、みなさんからとても大きな感動をいただきました。みなさんの生きる力、とても素晴らしいです」と。

　この田中学級の子どもたちは、きっとどんな状況になっても強く生きていくことだろう。このような力強い、生きる力をもった子どもたちを私も育てていきたい。

　本当に、素敵な、そして大きな感動をありがとうございました！

\ 頑張ることの楽しさを見つけた /
4部6年 田中学級の子どもたちの声

臨機応変　　　　　　　　須田莉加

　私たち4部6年は、大きな研究会で劇を発表することになった。私は笑顔で入場した。しかし、予想もしていなかったハプニングが起きてしまう…。

　私の出番は二幕。タイムスリップをする大事な場面だ。演技は完ぺき。あとは地震が起きて後ろで身ぶり手ぶりすればいいだけ！しかし、いつまでたっても地震の音は鳴らない。大ピンチ！タイムスリップしないと話が続かない。どうする私たち！そこでミニ会議をした結果、自分たちで勝手に地震をおこすことにした。黒板をゆらし、イスをゆらし、テーブルをゆらし…とにかくゆらして地震が起きているようにアピールした。なんとか成功。最後のしょうげきの音も鳴り、無事二幕の演技を終わらせることができた。幕の中にいた子たちに「よく頑張ったね。」とか「すごかったよ。」などと声をかけられてとても嬉しかった。臨機応変に対応するということを学べた。研究会の劇。学ぶと同時に絆も深まった。

素晴らしかった劇　　　　　大内昌啓

　僕たちは5年生の創立記念式典で帆掛け舟の劇をやりました。確かに1回目の劇もよかったけれど僕の印象に一番残っているのは、6年生でやった2回目の劇です。

　なぜ3回目の劇が印象に残ったかというと、僕はダンスがあまり上手くなくて、帆掛け舟も失敗するようになってしまいました。帆掛け舟は前まで出きていたのに、すぐ倒れてしまったり長くてたまりませんでした。でも音の子4人と女の子2人が手伝いにきてくれて、練習していくうちに成功するようになりました。

　一番苦手だったダンスもみんなと練習していくうちになれてきました。友達や先生のおかげでダンスも何とか自信がもてました。

　本番の日になって、講堂は満席になっていました。セリフは完ぺきに覚えたので、うまくいきました。次の帆掛け舟もみんなのおかげで成功できました。ダンスも皆で楽しくできたので、よかったです。4部6年、最高の劇ができてよかったです。

4部6年の大好きなところ　　大河原麻鈴

　私の大好きな4部6年の一番の長所は、男女の仲が良いところです。男子と女子がお互いに心を許し合っているからだと思います。時には、男子も女子もお互いにつっかかったりする事もあったけれども、お互いを認め合い、尊重しあっているからすぐ元通りになります。

　そして、皆で一つの目標に向かって努力する時の団結力がすごいなと思います。劇や歌の練習、富浦遠泳、帆掛け舟などで目標を達成する事が出来ました。出来る子で出来ない子達を支えて、最後は全員が成功できるように頑張りました。

　次に、今計画をたてているクラスイベントの中でも、みんなの口から案が色々と出てきて、楽しみにしている気持ちは同じなんだなと少し嬉しくなりました。

　4部6年は、お互い想い合えてみんなで一つの事を目標に努力する、最高のメンバーが集まっています。

クラスで取り組んだ創作劇　　中内俊太朗

　僕たちの、筑波大学附属小学校でやる最後の劇は、創立記念式典でやる事になった。

　創立記念式典には、お客さんが来る。生徒だけではなくお客さんにも見られるわけだ。

　それらは、重圧ではあった。しかし、僕に考えるきっかけをくれた。高学年の演技はどうすれば出来るか。観客に感動してもらうためにはどうすればよいか。それらを演技につなげられるようにするにはどうしたらよいか。自分なりに考え、演技につなげた。観客に僕の思いが届いたかは分からないが、自分では届けられたと思う。

　そして劇の中で気付かされた事がある。クラスのテーマソング『友』（ゆず）の中で、『ためらう気持ち　それでも、支えてくれる声が気付けばいつもそばに』という歌詞がある。僕は、ハッとした。確かにいつも支えてくれる友がいた。この歌詞で気付かされた。そして次は、僕が友を支えよう。そうも思った。劇の中でたくさんの事を学び考えた。この経験は一生の宝だ。

実際の台本　台本作成／田中博史

第1回上演　2014年1月　創立記念日
第2回上演　2014年3月　オール筑波算数スプリング
　　　　　　　　　　　　フェスティバル
第3回上演　2014年6月　初等教育研修会
＊この台本は第1回上演用。

scene 1

　オープニング。
　運動会の映像。にぎやかな声援の中、六年生の組み立て体操の実際の映像が流れる。
　舞台では実際に帆掛け船を演じる子どもたち。

　劇は運動会が終わった次の週の朝から始まる。
幕前
　登校風景　幕前でアドリブで朝の登校風景を演じる子どもたち登場。
C1＞　おはよう。ねえみんな運動会の疲れ、とれた？
C2＞　ぜんぜん。まだ体中、バキバキだよ。ほら、こうすると全身から音がしそう。
（子どもたち　笑う）
C3＞　でも、今年の運動会も無事終わってよかったね。
C4＞　勝ったり負けたり大変だったけど、私は何より六年生の組体操の帆掛け舟がすごかったと思うなあ。

そこに遅れてさちこが登場
さちこ＞　おっはよう。ねえねえ　何　盛り上がって話してんの。（明るく）

みさと＞　帆掛け舟の話。でもね、運動音痴のあんたにはぜーんぜん関係ない話。これ ばっかりは、あんたにはぜったいできっこないもん。（いじわるく）
さちこ　　ひどい みさと。確かにわたし運動苦手だけど…。そんな言い方しなくてもいいでしょ。（泣き始める）
ちか＞　もう　すぐ泣くんだから!! あんた、見てるといらつくんだよ。

C5＞　まあまあ、おさえておさえて。みさとも　ちかも　ちょっと言いすぎだよ。
C6＞　でもさあ、とうとう、ぼくたちも来年、あの帆掛け舟やるんだよねえ。
C7＞　無理なのは　さちこだけじゃないよ。私だってあんなのぜったいむり。
さちこ＞　いやあの、わたし　まだ無理ってきまったわけじゃあ…。
C＞　はっ、何言ってるの？　あんたになんかできるわけないじゃないの！　何考えてんの。
C8＞　でもさあ、実は私もあんなのできるのかなあって不安なんだ。だいたい地上でやるかべ逆立ちも無理なのに　人の膝の上で逆立ちするなんて　ふ・か・の・う。
さちこ＞　なに？　それ、オ　モ　テ　ナ　シのぎゃぐ?? ちょーうける。（明るく笑う）
ちか＞　あれ、さっき泣いてたのにもう復活してる…。おっかしいのーー。
C9＞　まったくなあ、サーカスじゃあるまいし、この学校の先生たちったら何考えてんだか。
さちこ＞　ふーん、なーんだ、みんな不安なんだ。よかったあ。わたしだけじゃないのね。
みさと・ちか＞　あ・ん・たは　特別。
さちこ＞　あーん、また　いじわる言ったアーーー。
（泣く）
C10＞　また泣かした。もうみさと　も、いい加減にし

タイムスリップ―帆掛け舟への挑戦―

たら。幼稚園からの幼なじみで誰よりも さちこのこと よく知ってるくせに。
みさと＞ 知ってるだけに、余計にいらついちゃってね。もうすぐ六年なのにさあ、しっかりしてほしいよね。ほんとにもう。

C11＞ ねえ、みんな もういこっ。学校遅れちゃうよ。
C12＞ まだ来年の運動会までは一年もあるしさ。
C13＞ そうそう、来年までには何とかなるよ。心配ないって。
C14＞ そうだよね。先輩たちだってやってきたんだもんね～。
C15＞ 一年たってもさちこには、むりむり。
（わいわい言いながら 幕左に移動）

---

scene 2

　幕が開く。教室の風景。
　たかし　りょうたが室内で帽子をとりあって遊んでいる。
B1＞ あいつら、ほんとに仲いいね。
B2＞ 低学年からずっと同じクラスでさ、家も近いし、幼稚園も一緒なんだって。

　噂されていることに 気がついてたかし、りょうたが舞台前方にやってくる。
たかし＞ そうそう、おれたち、むっかしから似た者同士でさ、運動ができないのも。
りょうた＞ 着替えが すっげーーー遅いのも。
二人＞ ぜーーんぶ いっしょ。なっ!!

B3＞ それ両方とも いばることじゃないけどね。
たかし＞ そういえばさ、みさと と さちこ も幼稚園いっしょじゃん。
ちか＞ うん、でもさちこと みさと は まったく逆。みさとは運動神経抜群。さちこは運動苦手で何かあるとすぐ泣くし…。
みさと＞ そっ、ほんとに泣き虫なの！ すぐ弱音はくしさあ…。
B5＞ 弱音をすぐ吐くのは、たけし と りょうたも同じだぜ。

（たけし、りょうた すくむ）

B6＞ そう、ちょっとつらいことあると、すぐ逃げ出すし…。
B7＞ 運動会の三人四脚の時もそうだったよなあ。そのくせ、休み時間は遊びまわってさ。
B8＞ あまえたち、おれがずいぶん、助けてあげたよなあ。感謝してる??
B9＞ まったく、来年の組み立て体操の帆掛け舟どうすんだろ。想像しただけでこわーーい。
B10＞ こんどは自分でやらないとね、帆掛け船だけは、助けてあげられないもんね。
B11＞ さすがに逆立ちだけは代わりにできないもんねーー。
B12＞ まっ、運動音痴のお前たちにはぜーーったいムリだね。

りょうた＞ みんなことないよ。ぼくたちだって一年間がんばれば…。
たかし＞ うん、がんばれば…。来年までにはきっと…。変われるよ。

（みんなが声をあわせて）
そんなのむりむり、ぜーーーたいむり。

たかし と りょうた をからかっていると…
突然、舞台が揺れる 雷の音など
みんな＞ あれ これって地震?? うわっ雷も?? こわがって座り込む

実際の台本　台本作成／田中博史

舞台暗転　　緊急サイレン
スポットライトの中に二人の報道キャスターが登場

キャスター＞　突然ですが臨時ニュースをお知らせします。日本宇宙局から緊急の警報です。巨大な隕石が現在地球に接近しているという報告がありました。現在の進路では衝突はぎりぎり避けられる予定ですが、地球のそばを通過する時には激しい衝撃や不思議な現象が引き起こされることが予想されています。テレビをご覧の皆様、しばらくの間外出はなるべく避けてください。

キャスター2＞　その影響でしょうかねえ。すでに各地で大きな落雷や竜巻などの被害の報告がいくつも届いているそうですよ。東京地区も今後何らかの異常現象が起こることが予想されています。

キャスター1＞　あっ今、新しいニュースが入りました。地球に一番近づく日と場所と時刻がたった今わかったようです。

キャスター2＞　えーと、あの　その　地球に一番近づくのは…

子ども役　心配そうにキャスターに近づく。

キャスター1＞　えー、場所は東京の文京区？
キャスター2＞　日時はというと…
キャスター＞（2人で）えー、今日？？？
子ども役＞　えーーーーー
大きな落雷音　えーーーーー
舞台暗転

scene 3

雷の音　衝撃の音
タイムスリップ効果音
舞台は暗転から明るくなる…

D1＞　あー、すごかった。いてててて。もう…思いっきり腰うっちゃったよ。

D2＞　びっくりしたなあ。いきなり真っ暗になって。すごい衝撃だったね。

D3＞　今のがもしかして例の隕石？？　日本の宇宙局の連絡って遅すぎね？？

D4＞　ほんとだよ。ぜんぜん役に立たないじゃん。

D5＞　でもまあ、誰もけがしなくてよかったよ。

D6＞　あれ、もうこんな時間だよ。どうでもいいけど、早く運動場にいこ!!　遅れるぞ。

D7＞　なんだかさあ、周りの風景いつも少し違うような…

そこにタイムフリップした後の世界の子ども役登場

E1＞　おーい、なにしてんの。早く体育室にいかないと　先生にどやされるよ。

D8＞　え、今日ってなにかあったっけ。

E2＞　何言ってんの。運動会まであと一週間でしょ。

D9＞　運動会？？？　言ってんの

E3＞　帆掛け舟まだできていないグループはあんたたち含めて　あと少しなんだよ。

E4＞　そうだよ。苦手なんだから、練習ぐらい一生懸命やれよ。まったく。

E5＞　きのうもさ、土台がぐらぐらして　たけし　やさえが相手を変えたいって言ってたよ。あんたたちとやるの、もういやだって。

E6＞　ともかく、先に行ってるから、今日は弱音を吐かないでちゃんとやってよ。時間ないんだよ。
（急いで体育館に行く）

D＞　…運動会？？　ってさあ？？　先週、終わったばっかり…だよね？？

D＞　ねえ、おれ今、思ったんだけど…あいつら、何だか急にでかくなってない？

ざわざわ

E7＞　いっけなーい。遅刻遅刻。あれ、あなたたち、まだこんなとこにいたの。早く行かないと叱られる

タイムスリップ―帆掛け舟への挑戦―

よーー。
D> ねえ、さちこ、みんなが運動会って言ってるけどどういうこと??
E8> 何言ってんの。忘れたの?? 来週はいよいよ、私たちの小学校生活最後の運動会じゃないの。さあ、早くいこ!!

(立ちつくす 6人)

そこに新聞を読みながら通る先生。
新聞を目で追う たかし。おじさんの新聞をひきとって…
D> えーーーー、平成26年9月22日月曜日ーーーーーーーーー!!!!
D> ど、どういうこと??
D> ちょっとちょっと先生。それって、いつの新聞。
先生> いつって、今日にきまってんだろ。まったくなんて小学生だ。いきなりひきとっておいて失礼な。もう担任の先生に言ってたっぷりと叱ってもらうからな。まったくもう…なんて子たちだ。
D> ねえ、ねえ、ねえ いったいどうなってんの。
D> わからない。何が何だか さっぱり…。
D> …そうか、わかった。あの隕石の衝撃だ。あのとき、あそこにいた俺たちだけがあの衝撃で………。

全員> タイムスリップ〜 そんなバカな〜。

D> どうりで、みんなでかくなってるわけだ。
聞いていた他の子たち がっくり

D> なに納得してんのよ。
D> ちょっと待てよ。9月22日って…。平成26年の運動会は9月27日だから…。
D> えー、運動会まであと5日しかないぞーーー みんな そんなあーー。

D> ともかく、みんなのところに行って練習はじめないとーー。
D> えー、あと一年あると思ったのにーー。
D> 残り5日でできるわけないじゃん。

(組体操の練習に合流するために走って移動する)

scene 4

幕があく
組み立て体操の練習風景
タイムスリップした子ども役が遅れて練習に参加する。

先生> どうした。また遅刻か。そんなことだからできないんだぞ。練習相手の友達がかわいそうだと思わないのか。
F> そうだよ。こればっかりは一人じゃできないんだから。ちゃんとやってよね。
F> 先生、私、みさとが土台じゃいやだ。こわくてできない。

F> ぼくもまさしが土台じゃいやだ。変わってほしい。
F> そんなこと言っちゃだめだよ。相手を信じなかったら帆掛け舟は絶対にできないよ。
F> そうだよ。俺とりょうただって最初はできなかったけど、練習したらちゃんとできたよ。だからまさしたちだって大丈夫だよ。
F> たかしやりょうたはいいよ。
F> そうだよ。二人とも六年になったら急に運動得意になっちゃってさ。
F> さちこもそうだよね。帆掛け船一発でできたし。
D> えー、たかしとりょうたが…。
D> 運動得意??
D> さちこが帆掛け船一発でできる??

実際の台本　台本作成／田中博史

D> そ、そんなばかな。

先生> はいはい、そこ騒がないで。ともかく今日はここまで。続きはまた放課後にやろう。そこの6人、明日からちゃんと遅れないでくるんだぞ。

　他のメンバー退場　幕が閉まる。
　タイムスリップしたメンバーは幕前に移動して演技を続ける。その間に舞台の中は次のシーンの準備に入る。

D> おいおい。俺たちの立場ってそうとうわるくない??
D> たかしとりょうた、一体どうしちまったの。
D> あの、さちこが帆掛け船が一発でできるわけないじゃん。
D> これはきっと悪い夢だよ。こっちの世界の私たちって運動だめだめじゃん。
D> ねえ、あと五日しかないんだよ。こうなったら私たちだけで練習するしかないよ。
D> あの子たちなんかにまけてられないしさあ。
D> さちこやたかしにできたんだもんね。私たちにだってできないはずはないよ。
D> 学校から帰ってから誰かのうちに集まって練習しようよ。
D> でもさあ自分たちで練習するとあぶないって言われてたよ。
D> ふとんしいて、ともかくみんなで助け合ってやるしかないよ。
D> よし、じゃあ夕方からまさしんちに集合な。

　幕があがる
　翌朝の練習風景

C> どう??　大丈夫そう??　私も最初はできなかったけど、思い切って相手を信じてやったらできたよ。

C> そう、こうやって向こうに飛び越えるようにしてやるといいんだよ。するとある時、ふわって体がうくんだ。
C> あとね、肩をぐっと前に出してね。相手が支えやすくしてあげるの。ほら、手前でジャンプするとささえにくいでしょ。
C> それとね。最初から足を伸ばさないでぐっとがまんするの。そして相手の上で安定してからゆっくり足をのばすの。
C> あ、ありがとう。
C> あの君たち、本当にあのたかしとりょうただよね。
C> さちこ確か、運動苦手じゃなかったっけ。
C> うん、五年の時にさみんなに馬鹿にされてたから、お正月からずっとマラソン始めたんだ。そしたら足が速くなったんだ。
C> 人って一年間でずいぶん変わるもんなんだね。何でも続けてがんばるってすごいことなんだね。
C> たかしとりょうたもだよ。
C> うん、ぼくもさちこを見習って毎朝走ったんだ。
C> ぼくはマラソンじゃなくて毎日縄跳びを続けたんだ。そしたら運動も得意になったんだ。だからさあ、君たちもがんばればできるよ。
C> でもさあ、私たちあんなにいじわるいってたのに。どうしてそんなにやさしいの。
C> 何言ってんの。確かに五s年の時は意地悪だったけど、まさしなんかさあ、六年の富浦の遠泳の時に私が恐がってたら、こえかけてくれたじゃない。
C> そうそう、あのとき、いいやつなんだっておもっちゃった。

C> 6年の登山の時もそうだった。もう登れないって思った時、にもつもってくれたじゃない。
C> へーー、おれってそんないいやつになったんだ。
C> 私たちもちゃんと変わったんだね。
C> なにいってんの。

タイムスリップ―帆掛け舟への挑戦―

C> ともかく、さあ、あと少し練習練習。
C> う うん、がんばる。

幕が下りる
暗転　いよいよ運動会当日
幕前

C> とうとう本番だけど、どう??
C> 私まだ一度もできたことがないんだ。上でとまるところまではできるんだけど…。
C> それから伸ばすのがこわくて。
C> ぎりぎりまで体育館でやろうよ。
C> わたし、つきあうから。
C> おれも落ちないようにみてあげるよ。

幕が開く
プログラム12番
6年生による 組体操

帆掛け舟の演技
ピーーー

やったあ、全員成功だあーーー。

C> すごい。私、本番ではじめてできたあ。
C> すごいね、よくやったね。
C> きせきだね。
C> 神様、ちゃんとみていてくれたんだね。

音楽「友」ゆずの曲

C> うわあ、空がきれい。
C> 本当だ。今まで気がつかなかったけど運動場の空ってこんなにきれいだったんだね。
C> みんなの成功を祝ってくれているみたいだね。

友　全員合唱　ハモり

間奏

ナレーター>
　筑波大学附属小学校には卒業までに乗り越えなければならない3つの山があります。
　一つ目は富浦での遠泳、二つ目は清里合宿での登山、そして三つ目がこの運動会での帆掛け舟です。
　今の六年生に負けないように私たちも友達と一緒に力を合わせてみんなで乗り越えていこうと思っています。
歌　さび

歌終わる。幕の中に入る。幕閉まる。
すると突然　激しい衝撃
タイムスリップ音
あーーー、昔に戻る…。
気がつく。
一年前の子どもたち登場

C> ほら、ほら、急いで。もうすぐ5年生のダンスが始まるよ。
C> ちょっと待って、今度は何月何日
C> 何言ってんの。今日は平成25年9月28日　運動会だよ。今から午後の一つ目の種目。
C> ツゥーンタウン　パーティが始まるよ。急いで。
えーーー、今度は戻りすぎでしょ。ENDING DANCE
運動会のダンスを4部5年流にアレンジして。

誕生日を大切にする企画いろいろ

誕生日のメッセージが個性的になる!!

子どもたちの誕生日を祝うことは、方法はいろいろでも全国の学校でも様々に行われていることだろう。

私のクラスでも子ども同士でお互いのいいところを色紙に書き合って、プレゼントするなどの試みを以前から行っていた。

でもある時、大学生になった子どもたちとの同窓会で次のような会話を聞いた。

「誕生日の時の色紙はうれしかった。今でも飾ってある」「みんなのほめ言葉でジーンときた」「でもメッセージをよく読むと俺の場合、ほとんど同じだったりしてちょっと残念…」「私なんか2パターンしかなかった」(笑)

大人になった彼らは、それを笑いながら話していたのだけれど、ふと、これは確かにそうだな、改良しなくては…と感じた。そこで最近では次のような方法をとっている。

まず誕生日の子を想定して自分がどんなメッセージを書くかをノートなどにメモをする。

その場で適当に5人や6人グループを使って書いたメモを見せ合う。重なっていたらジャンケンをして負けたほうが別のメッセージを考える。

さあ、こうしたルールにすると負けた子はその場で考えなくてはならないから結構大変である。そこで子どもたちもあらかじめ2つか3つ、コメントを用意するようになった。

さらには、絶対に重なりがでないメッセージを書くように工夫するようになっていく。

重ならないメッセージとは

「私がドリルを忘れていた時に隣からそっと見せてくれたね。きっとやりにくいと思うのにやさしいなと思ったよ」

というようなもの。

つまり個人的なやりとりならば、重ならないと考えたわけである。

実はこうした配慮を少し行うだけで、子どもたちの書くメッセージはずいぶん変わる。

寄せ書きをつくるときのアイデアプラス

(1) 中央に自分が真ん中にすわった集合写真を貼る

読者の先生たちも振り返ってみていただきたい。学級の集合写真で自分が中央に写ったものって案外持っていないのではないだろうか。

転校する時などは特別にするのだけど、クラスの子どもたち一人ひとりが真ん中になった写真…。撮れるといいなと思った。

そこで誕生日にはクラスの中央に座った記念写真をもらうことにした。

この時の集合写真の撮り方もいろいろとバラエティ豊かにすることができる。

〈写真の撮り方のアイデア〉

アイデア①　誕生日の人が真ん中

アイデア②　背景は自分の好きな場所にすると…

アイデア③　男子は女子で、女子は男子で囲んでちょっとモテモテいい気分!!

どうだろう。

私のクラスは三年間の持ち上がりなので、こうして毎年集合写真の写り方のバリエーションを変えてみることにした。

(2) 前の月の友達が次の月の友達の分の世話をする

寄せ書きカードも実は色紙だったり画用紙の手作りだったりと年によって変わっている。

アイデア①　色紙に寄せ書き

アイデア②　画用紙を工夫して寄せ書き

どうだろう。かなりの力作ぞろいだ。

これは5年生の時の誕生日カードだが、前の月に祝ってもらった子どもたちが翌月の世話をして作った。作るほうも年に一回だから力が入る。

(3) 忙しい学年の時は色紙シールを使う…

六年になると、本校の子どもたちは受験対策に入る。そうなると12月、1月、2月の試験シーズンに誕生日係になると大変である。

こんな時は市販のシールつき色紙も活用した。でもこの色紙を最初に使う時にこれが算数の問題になった。

「この台紙には、シールが16枚だけついている。私のクラスは39人。誕生日の子を除くと38人。つまり、16枚の色紙を一枚につき2人で書く場合と3人で書く場合に分かれなければならない。さて、2人ずつで書くのは何枚だろうか。」この問題、実は、鶴亀算とまったく同じ問題なのである。

> 子どもたちに祝ってもらった誕生日

こんなことをしていると、子どもたちも私の誕生日にいろいろとサプライズを仕掛けてくる。それが昨年の6月の音楽の時間だった。

うれしい、うれしいサプライズだった。詳しくは次ページの中島先生の原稿で…。

学校行事と子どもの育ち

筑波小の先生が見た田中学級の子どもたち

サプライズ♪

音楽科 中島 寿

♪ 「さて、どうしたものか」で始まった

4部（田中学級）の音楽を4年生から3年間担当しました。

ここだけの話ですが、けっこうヤンチャな子どもたちがそろったクラスで、4年生のはじめは、好き勝手に楽器で音を出したり、話を聞かなかったり、席につかなかったりという子もいて、どうなるかと思ったものです。しかし、この子たちも、6年生の終りに向かって、どんどん、かわいくなっていきました。

それに伴って音楽の技能もすばらしくなっていきました。特に、グループやみんなで一緒にする活動は、気持ちを一つにして表現できるようになっていきました。

♪ ヒロプーの誕生会を

6年生の6月。音楽の授業の前に、ヤンチャ坊主代表としっかりお嬢さん代表が、私のところに、「ヒロプーの誕生日会を音楽の時間にやらせてほしいんですが…」と頼みに来ました。ヒロプーとは、担任の田中先生のことです。ちなみにヒロプーの誕生日は、6月21日。その直前の音楽の授業のある6月18日（水）の4時間目を使いたいということでした。

そのころ、音楽の時間にドラムセットを使った合奏で、ビートルズの「オブラディ・オブラダ」の練習をしていました。これを田中先生に聞かせたいので、音楽室でやりたいという頼みです。授業で仕上げた曲を担任の先生に聞かせたいなんて！ 音楽を教えている者として、これは、本当に嬉しいことです。もちろん、OK。もう一曲演奏したいので、今日、これから話し合いの時間をとってほしいということで、10分と時間を限って、これもOKしました。結局、その場では決まらず、後で提案者が選曲して、CDも歌詞も、自分たちで用意してきました。曲名は「RPG」です。映画「クレヨンしんちゃん」のエンディング・テーマで、そのころ流行りだした「SEKAI NO OWARI」というグループが歌っている曲です。この曲は、後に、「卒業生を送る子ども会」で6年生全員で歌うことになります。

♪ サプライズなので

当日。サプライズなので、本人には、この時間に誕生会をすることなど、もちろん内緒です。（この日のこの時間に、田中先生が空き時間で、算数準備室にいることは、事前に確認済み）あとは、4時間目に田中先生に音楽室に来てもらう理由を考えなくてはいけません。そこで、私と主催者との打ち合わせ。

主催者曰く「音楽の授業中に、困ったことが起きたので、音楽室に来てほしいということで、田中先生を呼びに行きます」

さて、この後のことは写真で。

ヒロプー、誕生日おめでとう!!

子どもたちも田中先生もいい表情です。田中先生に、喜んでもらえてよかったね。

\ クラスの成長を実感した /
4部6年 田中学級の子どもたちの声

4部6年に感謝　　　　　　　風間瑛介

　4部6年の良いところというものは3つあります。

　1つ目は団結しやすいところです。4部6年は一つの事に熱中すると、みんなが同じ気持ちになって物事を進めることができます。それによって、反対意見が少なく進められるうえ、完成度の高いものをはやく作れます。

　2つ目は、みんなを気遣っていることです。例えば休んでいた人が久しぶりに来たとき、優しく声をかけ合って接してあげられるというようなところです。これができることによって、このクラスでは不安を感じる人が少なく厚い友情が生まれます。

　3つ目は遊び心です。うわついた気持ちではなくなります。ちょっとした遊び心をもつことは、クラスを楽しくしてくれます。真剣になる時は真剣になれるけじめのついたクラスだと思います。

　この4部6年は、一人欠けると成り立たない最高のクラスです。そんな4部6年の中に僕がいられた事に感謝したいです。

僕と4部6年　　　　　　　　吉田雄哉

　僕は、4部6年が好きである。2つの面で好きである。

　1つは、いい仲間がいる面である。

　僕の仲間は、3人ほどいて、たまにけんか別れをしてしまうが、すぐ仲直りできるほどの仲良しである。班の4人組ともいつも一緒に、楽しく、行動している。この班の仲間や仲よし3人組がなければ、僕はまだクラスになじめず、ずっとういていたかもしれなかった。

　2つは、いい先生がいる面である。

　田中先生は、よくクラス活動として自由行動遠足に行かせてくれたりなど、明るく楽しいクラスのふん囲気を自らリードし、盛り上げてくれた。これも、僕がクラスになじめたきっかけだったと思う。

　他にも、4部6年には好きな面がたくさんある。

　4部6年の全員に感謝している。

日進月歩　　　　　　　　　桐山七美

　4部6年は、明るく、一人一人の個性が出ていて、とても良いクラスだと思う。そんな4部6年に合う四字熟語は「日進月歩」だ。「日進月歩」とは、たえず進歩すること。私達、4部6年は、この四字熟語のとおり、4年生の時に比べると、大きく成長したと思う。

　この成長は、一人一人の成長が合わさってクラスの成長となったのだ。

　その1つの例として、劇がある。私達は、5年生の時に劇をやった。あまり、声の出なかった子も、頑張って、その役を演じきった。一人ずつの成長が劇の成功の元となった。

　4年生の時には、できなかった事が、だんだんとできるようになり、それが嬉しくて、また頑張る。それを見た周りの子が、自分も頑張らなきゃと思う。そして成長する。このくり返しなのだ。

　一人の成長が皆の成長に繋がる。そんな、4部6年が私は大好きだ。

最高のクラス　　　　　　　和泉菜々

　「4部6年のどんな所が好き?」と聞かれたら私は何と答えるのだろう。「思いやりがある優しい心」と答えるのか、それとも「一致団結して物事に取り組む所」と答えるのか、「全てだ」と答えるのか。私は迷うことなく「全てだ」と答えるだろう。その中でも4部6年の魅力は、何事にも全力で立ち向かう強い心と相手の事を考える優しい心のバランスがとれていることだと思う。もちろん最初からこんなにすばらしいクラスだったわけではない。意見の違いからぶつかり合うことも沢山あった。でもそんな時に博史先生は、まずお互いの言い分を聞いて、それぞれに納得がいくように分かりやすく話してくれた。私達は博史先生の接し方を見て自分達も言葉で相手に伝えることの大切さを学んだ。そして、今がある。4部6年はどんな時でも互いを支え合い一つになれる世界で一番輝いているクラスだ。私は最高の友と先生に出会えて本当に幸せだと思う。これからも共に成長したい。

子どもたちの自立を支える学校行事

本校にはユニークな学校行事がたくさんある。これらは子どもたちの自立を支えるものになっている。

クラスごとに独自のことが企画できるというよさも本校ならではである。

子どもたちに個性を求めるならばまずは教師も個性的であるべきだ。だから本校には学年の歩調をそろえるという言葉はない。

 ### 清里合宿

３年生から毎年クラスごとに三泊四日で出かける山梨県清里での合宿。自由行動がたくさんできることも特徴。また毎年挑戦する八ヶ岳への登山は試練の一つ。

私のクラスは今年、硫黄岳という標高2700mの山に挑戦。ヤマネやモモンガがやってくる山小屋にも一泊し大自然を満喫した。

 ### 富浦合宿

千葉県富浦の海での２kmの遠泳に挑む。湾から外海に出ていく遠泳は子どもたちも恐怖心との闘い。でも完泳したときの達成感は大きい。完泳の夜はクラスのみんなで夜の浜辺で海に向かって「ありがとう」を叫んだ。

 ### ジャンボ遊び

毎年、行われる子どもたち企画のお祭りである。この中で私のクラスの子どもたちはクラスで団結してお化け屋敷を出店。でも単なるお化け屋敷じゃつまらない。一年生も楽しめるように縁日とお化けが合体したユニークなお店。

大人気で学校からも賞をもらった。

 ### サンフランシスコ海外研修

私が研究企画部長になって新しく提案した学校行事の一つ。アメリカのサンフランシスコにあるスタンフォード大学やUCバークレーに協力してもらって、プチ留学体験をおこなった。私のクラスからは２年間で11名がサンフランシスコに研修旅行に行っている。

現地の小学生との交流、大学生との交流は子どもたちにとって大きな経験となった。

また本校研究企画部の合宿もサンフランシスコで行った。現地で英語を用いた研究授業も行い、教員自体の英語への関心も高まった。

 ### クラスで企画した様々な場所での自由行動体験

４年生から３年間で、清里以外にもお台場、鎌倉、浅草、横浜…と様々なところでグループ行動を楽しんだ。複数回行うから失敗を許容することができる。

最後は修学旅行で、京都、奈良、大阪で自由にグループで動いた。東京の地下鉄網を自在に使える彼らの行動力は中学生なみである。これは積み重ねがなければできないことである。もちろん安全対策として教師の配置、連絡体制は細かくとってある。

行事を楽しんだ
4部6年 田中学級の子どもたちの声

若桐パフォーマンス　　　松井克憲

　僕は最後の若桐祭を終えた。若桐祭の最後といえば若桐パフォーマンスである。その若桐パフォーマンスは、参加は自由なので今まで興味をしめそうとは思わなかった。しかし最後の最後にある先生バンドは毎年毎年すごいとは思っていた。そうは思っていたものの、実際は動こうとはしなかった。毎年毎年それを繰り返すばかりで、若桐パフォーマンスの舞台に立つ事はできなかった。しかし、最後の若桐パフォーマンスで僕を誘ってくれた人がいて、本当にうれしかった。でも、あの舞台に立つには、練習にはげむ。それが一点の目標だった。休みの日にも集まり、そして汗を流しながら帰ったのを覚えている。そんな日々を過ごしながら本番は唐突にやってくるものだ。「SEVEN Direction」そう呼ばれて舞台に立った。緊張感はすでにこえていた。でも、「頑張れ！」その声を聞くだけで不安は消える。色々な想いを持って最初で最後で最高のパフォーマンスができた。

ジャンボ遊び　畠中清子

　昨年、6年生の為のジャンボ遊びで4部5年は究極のお化け屋敷「墓場の縁日は案外楽しいヨ」を行った。
　皆、やる気まんまんで大さわぎで、仮装もして、校内を歩き、宣伝し、人を沢山呼び込んだ。教室内は真っ暗に（できるだけ）して机で迷路を作り、途中、クイズや頭脳パズルを使ったり…などの工夫を沢山した。
　算数で立体の勉強をしていた時に使った三角柱や四角柱をお墓として扱った。
　仮装は人それぞれで、見ているだけでもおもしろかった。
　クラス全員が一つのことに集中して物事を成し遂げることは凄い事なんだな、と思った。
　クラス全員以外にも個々でも行ったが、どちらも楽しかった。でもジャンボ遊びが終わった後の達成感は全くの別ものだった。
　2年生の頃から10回位出店してきた。どれも最高に楽しかったが、クラス全員で行うということは余りなかった為、良い思い出になった。

思い出のジャンボ遊び　　　一丸紫

　四部になって四回ジャンボ遊びを行った。一回目は休み時間にいつもジャマイカをやっていたメンバーと。二回目は仲の良い女子達とお化け屋敷をやった。三回目はクラスでやった「墓場の縁日は案外楽しいヨ」というお化け＆縁日で、昨年五月には教室で室内公演を催した。計四回の中で一番心に残っているのはやはり、全員で取り組んだ三回目だ。
　お化け屋敷と縁日という2つを組みあわせて、教室内に皆で協力してコースを作った。段ボールを集め新聞を持参して、どうすれば皆に喜んでもらえるか真剣に話し合い、居残りや早い時刻での登校をくり返して完成させた。クラス皆が一つになってそれぞれが自分の役割を懸命にやった思い出を、今でもよく思い出す。あの達成感は忘れられない。
　低学年の頃はイベントを回るのが楽しみだった。けれど高学年になると出し物に重点を置いて、自分達の出し物を行う事が楽しみとなった。また皆で出し物を企画したい。

\ 筑波小の先生が見た /
田中学級の子どもたち

学校行事と子どもの育ち

記念すべき開拓者たち！

英語科
荒井和枝

　創立142周年を迎えた附属小。その長い長い歴史の中で、この田中学級の子どもたち6名を含む学年24名が、サンフランシスコでの日米児童交流会を実現させた記念すべき第1期生となった。

　大学がグローバル化を掲げているならば、「子どもたちを実際に連れて行ってみよう！やってみなくては可能性が広がらない！やるならやっぱりアメリカじゃないか？」とその構想を熱く語る田中先生。普通なら「やってみたいですねぇ」と返答するだけで話が立ち消えになるところだが、それを実現、実行してしまうところが田中先生のすごいところ。もちろん、実現に至るまでには下見やプランニング、日程調整など初めてづくしのオンパレードで、本当のところ不安が大きかった。子どもたちは新しい環境にすぐ慣れるだろうか？　授業は大丈夫だろうか？　何より交流会を楽しんでくれるだろうか？etc.

　だが、子どもたちを連れて行ってみると、その多くが杞憂に終わった。何より、子どもたちの順応性の高さと度胸の強さには驚くばかりだ。長時間フライトも何のその、到着したその日の夜には滞在ホテルのプールで思いっきり楽しんでいる。現地の子どもたちと初めての英語学習体験では、初めこそ、話しかけたり、英語で反応したりすることに難しさを感じていたようだが、時間が経つにつれてジェスチャーや簡単な単語を使ってコミュニケーションを図ろうとする姿勢が多く見られた。グループごとに分かれて「折り紙」「福笑い」「けん玉」といった日本文化をプレゼンする時間。子どもたちは何度か同じプレゼンをくり返しているうちに、英語で説明することにも慣れ、自ら関わっていこうとしていた。実にたくましい。折り紙を教える時に"Like this…（こんな風に）"と言葉を添えて丁寧に教えていたり、"Look, look!"（みて！みて！）"Do you want to try it again?"（もう一回やりたい？）と質問したりしてコミュニケーションを図っている。また、実際のお店に入って自分で英語の注文にチャレンジするなど、その活躍は目を見張るものがあった。

　アメリカならではのキャンパスツアーは1年目にスタンフォード大学、2年目はUCバークレー校を見学。世界屈指の大学の雰囲気を堪能した。いつか、この子どもたちの中からひとりでも本当の学生になってくれれば…。

　日本が1951年に平和条約を結んだサンフランシスコの地で、まさにこれからの附属小の未来を開く、子どもたちのフロンティアスピリッツを見た気がした。その場に一緒にいられたことに感謝、感謝である。

\ 自分の成長をかみしめる /
4部6年 田中学級の子どもたちの声

いつのまにか　　　　相川佳音

　低学年の頃は毎日のように泣いていたのをおぼえている。自分の意見にだれも賛成してくれない。ただ、「はい？　ちがうでしょ!?」と言われるのはこわかったが正しい意見をいいたかったのだ。なぜだか幼稚園～低学年まではつまらなくてやっぱりないていて、みんなにまたか…という目で見られていたと思う。でも高学年になってからはちがう。みんなちゃんとしていて、バカにするような人はあまりいなかった。意見をちがうよ？といわれても反こうしないでそっちの意見はそういうことなんだとなっとくすることができるようになった。もちろんまだ、悔しかったりすると泣いてしまうこともある。でも本当に前よりは強くなれたと思う。そこは自分でも成長したなと思う所だ。一度決めたことを直前になってかえてくることにも感情をおさえることができるようになった。くだらないが友達へのしっと心もだ。沢山の友達をもちたいと思えるようになったからだと思う。

自分発見　　　　似内一樹

　野球選手を目指すか、お笑い芸人を目指すか、役者を目指すか、学校の先生を目指すか、弁護士になるか、自衛官になるか、歴史の学者になるか、僕には多くの夢がある。どれもなりたいと思う。野球選手、僕はスポーツの中では野球が一番好きだ。そして楽しくて楽しくてしかたがない。お笑い芸人も同じ理由、人に笑ってもらうと楽しい。役者と学校の先生は、この学校にいたからできた夢だ。役者は、クラスの劇で役を演じるのが上手くなるのがうれしかった。学校の先生になろうと思ったのは、田中先生のクラスになって僕も学校の先生になりたいと思った。筑波の先生はみんな楽しそうにうれしそうに、そしてやりがいのある事をしている。そんなふうにみえる。だから僕は、そんな先生達にあこがれを持った。今僕は夢を全部かなえる事を考えている。まず、野球選手になり引退したら学校の先生になり定年で弁護士を始めながら歴史の勉強をする。全部はムリでもほとんどかなえる。

堂々と　　　　守下真里子

　四年生の時、私は今より弱虫だった。
　今は昔より、少し強くなれたと思う。堂々となれたと思う。今でも時々、へこたれそうになる事もある。それでも私は、何度でも、何度だって、立ちあがりたい。
　四部六年という集団の中にいると、だんだん勇気が出てくる。自分の手本になる人がいると、その人に挑戦してみたくなる。自分で意識していなくても、この集団といると、少しずつ確実に成長していくような気がする。
　四年生の時からの三年間、私は何をしただろう。昔より、大きくなった。自分に自信を持てるようになった。強く、たくましい精神が備わった。準備は整ったはずである。
　中学校という壁に向かって、堂々と歩んでいきたい。また、くじけかかるかもしれない。それでも、どんな時も、自分の力を信じたい。今まで三年間の、四部六年という集団と先生の支えを受けた上で、今こそ、飛び立つ時だと思う。私は大きく成長したと、感じた。

4年生の運動会のとき
みんなで「輝跡」の旗を作った!!
ここがこのクラスのスタートです！

夜の学校を体験しよう

念願の夜の学校でのイベント。卒業前にみんなで校長先生に頼み込んで実現した4部6年だけの秘密のイベント。最高の思い出がまた一つ増えました。

夜の学校に泊まりたい!! 　　辻莉菜

今度、クラスの皆で学校に泊まろうと計画しています。私達は、クラスイベントとしてどこに行くのか話し合っていました。班で、話し合っていた時、ある子から「学校に泊まってみたくない?」という意見が出ました。私は「楽しそう。やってみたいな」と思い、賛成しました。すると、クラスほぼ（?）全員が賛成！という結果が出ました。他の場所に行ってから、学校へ行きそのまま泊まる。という意見も出ました。

学校で映画撮影をしたいと思います。つまり泊まっている時の出来事を映画にしてみたいです。

学校で、肝だめしをやってみたいという考えの子も多いです。4年生の時よりも範囲を広くしたり、講堂でホラー映画を観たりしたいそうです。

寝る時は、体育館のマットを持ってきて、床にひけば痛くありません。毛布も大丈夫です。

6年前の先輩も学校に泊まった事があるのだそうです。私達もやってみたいです。

子どもたちの安全確保のために大人になった卒業生が協力してくれました。彼らは12年前の田中博史学級の子どもたちです。すでに社会人になっている彼ら。仕事を終えて手伝いにきてくれました。富浦の遠泳でも先輩たちが一緒に泳いでくれました。縦の絆の強さも筑波大学附属小学校の誇れるところです。

卒業イベント 　　小林育磨

今回のテーマは、横浜or学校に泊まる会（?）だ。自分は、横浜より学校に泊まる方が楽しかった。だから泊まる方を書く。なぜ泊まるのが楽しかったかというと、一番は肝だめしだ。たった一人で理科室に電気も付けずに待っていたあのドキドキ感は、とても気持ちよかった。フードをかぶって通りすがるクラスメートをいきなり出てきておどろかす。そんなこともおもしろかった。

今回こんなに楽しい事ができたのは、先生達のおかげだった事を忘れずにいると、「卒業」という言葉がにくみたくなる。卒業は一番大切でもあるが、今は、一番にくみたくなるものでもある。

学校での夜 　　牛山陽太

「いやだ。いきたくないよ〜」

「4部6年に帰る〜」

僕たちは夜の学校で肝だめしをした。

もともと僕は、おばけなど、恐怖系が、とっても苦手なんだけど、今回はちょっとレベルがちがう。まじリアルな学校でのおばけやしきだ。かんがえただけでもとりはだが立つ。

ぼくは、スタートする順番が2番だ。なのに、いやだいやだといって、けっきょく最後になり、5人くらいでまわった。ルートがとっても長く感じて、死にそうなくらいだった。何せほぼ学校を一周するくらいの長さだから。

こわがる僕を見て、さすがに、おどかすほうもこりたのか、ゴールまでショートカットしてたどりつくコースをおしえてもらった。なんとかゴールにかえってきた。

よく考えると僕は昼の学校でも一人だけになると、こわいのだから夜の学校は最高の恐怖だった！

最後の肝だめし　　　　　　　藤田海

　3月6日、何日もかけて準備してきたあるきかくをじっこうした。田中先生とクラスの仲間で作る最後の思い出を作ろうということで、4部6年だけで学校にとまることになった。

　学校の夜の時間に僕達はいろいろな遊びをすることにした。その中でも夜にしかできないのが肝だめしだ。今まで清里で何度もやっているが、それとはわけがちがう。学校全体が明かりを消すと、階段も見えないくらい暗くなる。なのでみんなワクワクしながらもドキドキである。2人1組で出発する前にホラー映画まで見させられる。僕はこの企画を準備している人でさえこわくなりそうな肝だめしを「最後のけっさく」と僕は思う。

夜の学校　　　　　　　　　越前卓馬

　ぼくたち4部6年は、筑波大学附属小学校の教室で二度目の宿はく体験をした。

　二度目というのは、ぼくたち6年生は4部4年の時に、災害時の防災訓練として学校にとまっているのだ。

　それはさておき、ぼくの中での今回の一番の楽しみは、肝だめしだ。ぼくは毎回この様な合宿がある度に、肝だめし実行会の役員になっている。そのため最後の肝だめしである今回は、4部の肝だめしの集大成なのである。

　ぼくはひそかにある考えをまとめていた。それは、「やるからには、最高にこわくする。」と「どこかでペアどうしがすれちがわないようにする。」の2つだ。だれもいない学校の全てを使い、すれちがわない様にするには、学校の通路の知識全てを使う。そのままの集大成だ。

　実さいに、当日おどろかしていると、「だれもおどろかさなくてもいいかな。」と思うほど良いできだった。4部6年最高！

卒業イベント　　　　　　　山田啓介

　金曜日の夜十時、暗くてクラスの四十人しかいない学校。僕たちは学校全体で肝試しをしようとしていた。卒業前の思い出作りに学校に泊まっているのだ。肝試しは学校でやると普通のものでは味わえない別のスリルがあるため最高だ。肝試しは、前半と後半に分かれて行なう。自分は後半におどかす方だ。

　前半は係の人がペアを決めて、学校のものすごく怖い所を選んで回ってもらうのだそうだ。しかし、説明の方が長くなり、説明が終わったのはもう夜遅かった。しかもいざスタートという時に、ホラー映画を見てすごく怖かった。

　後半は自分がおどかす方なので、色々準備したのだが、使えないルートが多数あったので、すぐ変えた。ハプニングの中、肝試しは始まった。でも、終わった人から、良かったよ、面白かったよという感想をもらって、すごくうれしかった。この夜の肝試しは、ハプニングもあったけれども、卒業イベントとしては最高だった。

卒業前イベント　　　　　　山本未莉

　4部6年で行うイベントはあと2つ。私はそれをすごく楽しみにしていた。だが、3月6日の朝。私は熱があった。そのため、午前中の横浜には行けなかった分、午後はおもいきり楽しんで最高の思い出にしようと決めた。そしてそのイベントは予想以上に楽しめたのでよかったと思う。その中で特に印象深く心に刻んだのは、横浜の班での夜ごはん作りだ。

　私達の班はちゃんこなべを作った。材料を切る時には、形や大きさがバラバラになってしまったりして「本当にうまくできるのか？」という不安な気持ちで一杯になった。だけどなべが出来て、ふたをあけた時、その不安はいっきに吹き飛んでおもわず「おいしそう」と声が出てしまった。それはまるで本当にお店で売られているような味だった。

　思い返してみると、いろいろなハプニングがおきても仲間と一緒だったからこそ乗り越えられた。だからその事は一生忘れないだろう。

あとがきにかえて

　このクラスの子どもたちは卒業間際まで本当に素直でかわいかった。全国の先生たちの中には反抗的な高学年を持って苦労している先生が多いと聞くが、私は幸せだった。

　3年前のスタートは結構やんちゃがいて、大変だった。喧嘩っ早い男の子もいた。でもよく見つめてみると誰よりも友を気遣うことができる子だった。いつもリーダーになりたくて主張するけど誤解されやすい女の子もいた。でもその分、誰よりも用意周到でちゃんとみんなのことを考えていた。低学年時代にはあまり発言しなかったという子が元気よく手をあげるようになった。本人も自分の変容をこのクラスのおかげと作文に書いた。毎日質問に来ていた二人の女の子。めきめきと考える力をつけた。一日一問の質問で変身した先輩の話を聞いて動き出した子たちだった。子どもは大きく変容する可能性を持っている。我々教師の責任は大きい。でも懸命に彼らとの接し方を模索しているとちゃんと彼らもそれに応えてくれる。教師としてのやりがいを感じさせてくれる個性的な39名の集団だった。振り返ると何事にも全力で取り組む子どもたちだった。歌を歌わせるとどのクラスよりも楽しげに歌う。ダンスもうまい。男子と女子の仲がいい。私の自慢の39名だった。彼らが今、たくましく育った翼を大きく羽ばたかせ、いよいよ旅立つ。私はその姿を眩しく見送る。4部6年のみんな、本当にありがとう。田中博史は君たちのおかげでまた少し成長できた。

田中　博史（たなか　ひろし）

1958年山口県生まれ。1982年山口大学教育学部卒業、同年より山口県内公立小学校3校の教諭を経て1991年より筑波大学附属小学校教諭。専門は算数教育、授業研究、学級経営、教師教育。人間発達科学では学術修士（日本質的心理学会会員）。筑波大学人間学群教育学類非常勤講師・共愛学園前橋国際大学非常勤講師・全国算数授業研究会会長・基幹学力研究会代表・日本数学教育学会出版部幹事・学校図書教科書「小学校算数」監修委員。また元NHK学校放送番組企画委員として算数番組「かんじるさんすう1・2・3」「わかる算数6年生」NHK総合テレビ「課外授業ようこそ先輩」などの企画及び出演。JICA短期専門委員として中米ホンジュラス、またタイやシンガポールのAPEC国際会議、数学教育国際会議（メキシコICME11）、米国ではスタンフォード大学、ミルズ大学、カリフォルニア大学バークレー校、さらにイスラエルにおける授業研究会などでも現地の子どもたちとのデモンストレーション授業や講演などを行っている。
主な著書に、『学級の総合活動高学年・輝き方を見つけた子どもたち』『算数的表現力を育てる授業』『使える算数的表現法が育つ授業』『遊んで作って感じる算数』『プレミアム講座ライブ田中博史の算数授業のつくり方』『輝き方を見つけた子どもたち』『田中博史の算数授業1・2・3』『語り始めの言葉「たとえば」で深まる算数授業』『子どもが変わる接し方』『子どもが変わる授業』（いずれも東洋館出版社）、『田中博史のおいしい算数授業レシピ』『田中博史の楽しくて力がつく算数授業55の知恵』（いずれも文溪堂）他多数。

算数授業研究特別号⑭
**田中博史の算数授業4・5・6年
＆授業を支える学級づくり**

2015（平成27）年3月21日　初版第1刷発行

著　者　田中博史
発行者　錦織圭之介
発行所　株式会社東洋館出版社
　　　　〒113-0021 東京都文京区本駒込5丁目16番7号
　　　　営業部 電話：03-3823-9206 FAX：03-3823-9208
　　　　編集部 電話：03-3823-9207 FAX：03-3823-9209
　　　　振替：00180-7-96823
　　　　URL：http://www.toyokan.co.jp
装　幀　藤原印刷株式会社
印刷・製本　藤原印刷株式会社
ISBN 978-4-491-03115-6／Printed in Japan